中华经典藏书

礼记
孝经

胡平生　陈美兰　译注

中华书局

图书在版编目（CIP）数据

礼记·孝经/胡平生，陈美兰译注. —北京：中华书局，2016.1
（2025.1 重印）
（中华经典藏书）
ISBN 978-7-101-11471-3

Ⅰ.礼…　Ⅱ.①胡…②陈…　Ⅲ.①礼仪-中国-古代②《礼记》-注释③《礼记》-译文④家庭道德-中国-古代⑤《孝经》-注释⑥《孝经》-译文　Ⅳ.①K892.9②B823.1

中国版本图书馆 CIP 数据核字（2016）第 000158 号

书　　　名	礼记·孝经
译 注 者	胡平生　陈美兰
丛 书 名	中华经典藏书
责任编辑	刘树林
装帧设计	毛　淳
责任印制	陈丽娜
出版发行	中华书局
	（北京市丰台区太平桥西里 38 号　100073）
	http://www.zhbc.com.cn
	E-mail:zhbc@zhbc.com.cn
印　　　刷	河北博文科技印务有限公司
版　　　次	2016 年 1 月第 1 版
	2025 年 1 月第 11 次印刷
规　　　格	开本/880×1230 毫米　1/32
	印张 10¼　插页 2　字数 150 千字
印　　　数	109001-115000 册
国际书号	ISBN 978-7-101-11471-3
定　　　价	21.00 元

目 录

礼 记

孝 经

礼　记

前　言

传世《礼记》有《大戴礼记》与《小戴礼记》之分，本书指的是《小戴礼记》。以下从作者与编者、来源与成书、内容与分类、意义与价值等四个方面，分别介绍《礼记》。

一　《礼记》的作者与编者

《礼记》是一部以儒家礼论为主的论文汇编。

较早提出著述《礼记》的，如《史记·孔子世家》认为《礼记》传自孔子，《孔子世家》所谓的《礼记》是广义的，包含《仪礼》、先秦古礼在内的礼论作品。到了东汉，《汉书·艺文志》礼类有"《记》百三十一篇"一条，班固自注："七十子后学者所记"，以孔子弟子及其后学概括，无法确认具体的作者。再到唐代，陆德明《经典释文·序录》认为，《礼记》本是孔子门徒共撰所闻的著作，后人通儒又各自斟酌损益以续学。陆氏并进一步指出，《中庸》是子思伋所作，《缁衣》是公孙尼子所撰，又引郑玄说《月令》乃吕不韦所撰，引卢植说《王制》是汉文帝时博士所为。孔颖达《礼记正义》的看法与陆氏大体相同。后世也不乏讨论《礼记》作者的论述，但除了少数单篇作者或可具体落实之外，大多篇章的作者已不可考。

自郑玄以来，传统观点都认为《礼记》是由西汉戴圣编纂成书的。郑玄《六艺论》说："戴德传《记》八十五篇，则《大戴礼》是也；戴圣传《礼》四十九篇，则此《礼记》是也。"戴德、戴圣是叔侄关系，后世又以大、小戴分别之。

戴圣，字次君，《汉书·儒林传》说：

德号大戴，为信都太傅；圣号小戴，以博士论石渠，至九江太守。由是《礼》有大戴、小戴、庆氏之学。

石渠，即石渠阁，是汉代的国家图书馆，兼具收藏珍本秘籍与举办学术会议的功能。汉宣帝甘露三年（前51），由太子太傅萧望之主持，召集儒生若干人齐聚石渠阁，讲论五经异同，戴圣也在其列。戴圣在宣帝时立为博士，后来官至九江太守。他的著作，除了编纂《礼记》之外，还有《石渠礼论》、《群经疑义》等著作。

近世有学者质疑《礼记》编纂者的传统说法，较具影响力的应属洪业的《礼记引得序》（1936年），他认为《礼记》不是戴圣编纂的，其编纂时间应在大、小戴之后、郑玄之前，而且不一定是一人所辑、一时所成。

二 《礼记》的来源与成书

今本《礼记》有四十九篇，各篇来源不尽相同，王锷《礼记成书考》汇集各家见解后指出：《礼记》应是选辑自《汉书·艺文志》所录"《记》百三十一篇"、《明堂阴阳记》等几种著作，以及《曾子》、《子思子》等已亡佚的儒家文献；而这些"礼记"所议论的内容，是今本《仪礼》十七篇以及散见其他古书或早已亡佚的古礼。

有关《礼记》的成书经过，历来论著甚多，台湾学者周何《礼学概论》分为附经而作、单独成篇、选编成书、定本流传四大阶段。我们结合出土文献来看，前两阶段的顺序是否必然，还有待商榷，因为先秦既有附经而作的记文，也有单独成篇的记文。本书将这两阶段放在一起，并根据出土文献补充说明如下：

（一）附经而作与单独成篇

早期《礼记》附经而作，可从今本《仪礼》看到证据。今本《仪礼》十七篇，其中十一篇经文末端都有个"记"字，然后接着书写发明经文的内容，如《士冠礼》、《士昏礼》、《乡饮酒礼》、《乡射礼》……这可能是当时学者读礼经时，在每卷经文后面的空白竹简随手附记说明或感想，这些记文便是早期附经而作的痕迹。

单独成篇的形态，在先秦也已经出现。以今本《缁衣》为例，战国时期郭店楚墓竹简及上海博物馆购藏竹简各有一篇《缁衣》，内容大同小异；又如今本《孔子闲居》，部分文字也见于上海博物馆购藏简（题为《民之父母》），这都是最好的明证。

汉初所见的《礼记》，也可能是单篇形式。据《汉书·景十三王传》，景帝时河间献王刘德修学好古，从四方民间搜集不少古书：

> 献王所得书皆古文先秦旧书，《周官》、《尚书》、《礼》、《礼记》、《孟子》、《老子》之属，皆经传说记，七十子之徒所论。

颜师古注："《礼》者，礼经；《礼记》者，诸儒记礼之说也。"《礼记》与《礼》并列，可见学者有意将"礼记"别为一类。

又据《汉书·艺文志》、《说文解字·叙》，汉武帝末年，鲁恭王坏孔壁而得古文典籍数十篇，其中就有《礼记》。据此，李学勤《郭店简与〈礼记〉》认为："《汉志》的'《记》百三十一篇'便包括孔壁所出和河间献王所得两来源。"至于这两种"礼记"的流传形式，李学勤认为由于先秦简帛流传不易，书籍多以单篇行世，所以不管是河间献王得书或孔子壁中书，必有许多书的单篇；也就是说，上述所谓的"礼记"未必指书籍，可能只是通称。

这些先秦至汉初的"礼记"与戴圣所编纂《礼记》的关系，吴承仕《经典释文序录疏证》认为，后者（戴圣编《礼记》）犹如"晚出之丛书"，而前者（各种《礼记》来源）则如"稍古之丛书"，这可以算是一个贴切的比喻。

（二）选编成书

汉宣帝时期，戴圣与其叔戴德都在学官讲授《礼》。从今本《仪礼》可知，各篇备载的仪节虽然十分具体，但这种行礼如仪的节目单，难免枯燥乏味。而传世"礼记"，累积了历来儒家学者的精彩阐释，对各种仪节赋予精神与意义，可让平板无奇的礼单变得生动，深化礼意，因此二戴选编适用的礼学参考数据，而成大、小戴《礼记》，作为讲学的辅助材料。

（三）定本流传

戴圣虽然编纂了《礼记》一书，但为了配合讲学需要，篇目未必始终相同，因此定本未必在西汉就已成形。到了东汉，郑玄为三《礼》作注，据陆德明《经典释文·序录》："马融、卢植考诸家同异，附戴圣篇章，去其繁重，及所叙略，而行于世"，经过名重士林的经学大师郑玄作注，使《礼记》的可读性更加提高，于是有了定本《礼记》流传至今。

三 《礼记》的内容与分类

今本《礼记》共四十九篇，其中《曲礼》、《檀弓》、《杂记》三篇因篇幅较长而分上下篇，实际为四十六篇。本书因篇幅之限，无法全部注译，因此依今本《礼记》篇次，略述各篇内容要旨如下：

1.《曲礼》上下：略记吉、凶、军、宾、嘉五礼仪文，兼及日常洒扫应对进退之法。

2.《檀弓》上下：杂记各种行礼故事，尤以丧礼为多数。

3.《王制》：记述君王应有的行政制度，其中部分有历史依据，部分则是理想之言。

4.《月令》：按十二个月次，记录各月天象特征，并说明政令、祭祀、行礼等事宜。

5.《曾子问》：以孔子与曾子问答方式，记录丧礼中的特殊事例，也兼及冠、昏等吉礼。

6.《文王世子》：记世子的教育问题，以及相关教育制度等。

7.《礼运》：主要叙述礼义、礼制的源流与运行。

8.《礼器》：阐述礼能使人成器之义，成器指成德器之美或用器之制。

9.《郊特牲》：杂记各礼，发挥礼义，其中又以祭祀较多。

10.《内则》：记家庭内各种人际关系的日常生活准则。

11.《玉藻》：记天子诸侯的饮食衣饰居处之法，以及其配偶的服制等。

12.《明堂位》：记鲁国国君因周公之德而可袭用古代天子衣服、器物之事。

13.《丧服小记》：主要记丧礼中特殊的服饰要求。

14.《大传》：记服制、宗法、祭法等制度。

15.《少仪》：记各种应对仪节，与《曲礼》相近。

16.《学记》：记古代学校教人、传道、授受的顺序以及教育得失与兴废之故。

17.《乐记》：主要阐述乐的形成与功能，并论述礼乐的关系及影响等。

18.《杂记》上下：以杂记丧礼细节为主。

19.《丧大记》：记国君、大夫、士之丧制，器物方面的介绍尤其详细。

20.《祭法》：记载有虞氏至周朝制定祭祀天地众神的法度。

21.《祭义》：记祭祀主敬之义，同时述及孝悌祭先之道、养老尊长之义，可与《祭法》互相发明。

22.《祭统》：从不同方面论祭祀的意义。

23.《经解》：讲六经的教化功能，兼及天子德配天地、霸王治民之器、治国隆礼之道。

24.《哀公问》：记鲁哀公向孔子问礼、问政，旨在解说为政先礼、礼为政教之本的精神。

25.《仲尼燕居》：借孔子与弟子问答，说明礼的本质、内容、作用、意义。

26.《孔子闲居》：借孔子与子夏问答，阐述如何修身行事才能成为民之父母。

27.《坊记》：记如何透过礼的消极节制作用防禁各种过失。

28.《中庸》：主要阐述中庸之道。

29.《表记》：记君子如何处世为人以作为人民表率。

30.《缁衣》：多记君臣上下关系、君化民之道，兼及君子交友之道与言行准则等。

31.《奔丧》：主要记士身在异国他乡而返乡奔丧之礼，兼及天子与诸侯。前人指出本篇应属礼经，而非礼记的性质。

32.《问丧》：阐述丧礼某些仪节的意义，如始死、敛尸、安魂之祭、寝苫枕块、束发、拄杖等，并说明丧礼之制乃本于人情等。

33.《服问》：记丧服有关问题。

34.《间传》：记居丧时由于亲疏不同而表现的各种行止。

35.《三年问》：记父母丧所以三年之义，兼阐述服丧期限何以长短不同之理。

36.《深衣》：记深衣制度及意义。

37.《投壶》：专记投壶之礼。本篇应属礼经，而非记文。

38.《儒行》：记儒者德行的特征。

39.《大学》：记博学而可以为政治国义。

40.《冠义》：记《仪礼·士冠礼》之义。

41.《昏义》：记《仪礼·士昏礼》之义。

42.《乡饮酒义》：记《仪礼·乡饮酒礼》之义。

43.《射义》：记《仪礼》之《乡射礼》与《大射仪》。

44.《燕义》：记《仪礼·燕礼》之义。

45.《聘义》：记《仪礼·聘礼》之义。

46.《丧服四制》：阐述制定丧服所根据的四种原则——恩（恩情）、理（义理）、节（节制）、权（权变），分别本之于仁、义、礼、智。

最早为《礼记》分类者，应属刘向《别录》，刘向将《礼记》分为十一类：

（一）通论：《檀弓》上下、《礼运》、《玉藻》、《大传》、《学记》、《经解》、《哀公问》、《仲尼燕居》、《孔子闲居》、《坊记》、《中庸》、《表记》、《缁衣》、《儒行》、《大学》，共十六篇。

（二）制度：《曲礼》上下、《王制》、《礼器》、《少仪》、《深衣》，共六篇。

（三）丧服：《曾子问》、《丧服小记》、《杂记》上下、《丧大记》、《奔丧》、《问丧》、《服问》、《间传》、《三年问》、《丧服四制》，共十一篇。

（四）祭祀：《郊特牲》、《祭法》、《祭义》、《祭统》，共四篇。

（五）吉事：《冠义》、《昏义》、《乡饮酒义》、《燕义》、《聘义》、《射义》，共六篇。

（六）吉礼：《投壶》，一篇。

（七）明堂阴阳记：《明堂位》，一篇。

（八）明堂阴阳记：《月令》，一篇。

（九）世子法：《文王世子》，一篇。

（十）子法：《内则》，一篇。

（十一）乐记：《乐记》，一篇。

刘向的分类，虽然可使读者提纲挈领了解《礼记》，但囿于《礼记》内容实在驳杂，不免未惬人意，因此后世也有不少学者重新分类：如吴澄《礼记纂言》分为通礼、丧礼、祭礼、通论四大类，几乎打散刘向原来的分类；又如梁启超《要籍解题及其读法》，分为记述礼节、记述政令、解释礼经、专记孔子言论、记孔门及时人杂事、杂记制度、考证缺席礼节、通论礼意、杂记格言、专记掌故十类，分类标准颇异于前人。我们再介绍另一种分类方法，高明《礼学新探·礼记概说》：

（一）通论

1. 通论礼意：《礼运》、《礼器》、《郊特牲》、《经解》、《哀公问》、《仲尼燕居》。

2. 通论与礼有关之学术思想：《孔子闲居》、《乐记》、《学记》、《大学》、《中庸》、《坊记》、《表记》、《缁衣》、《儒行》。

（二）通礼

1. 关于世俗生活规范：《曲礼》上下、《内则》、《少仪》、《深衣》、《玉藻》。

2. 关于国家政令制度：《月令》、《王制》、《文王世子》、《明堂位》。

（三）专论

1. 丧礼

甲．逸礼正经：《奔丧》。

乙．论变礼：《檀弓》上下、《曾子问》。

丙．记丧制：《丧大记》、《丧服小记》、《杂记》上下、《服问》。

丁．论丧义：《大传》、《间传》、《问丧》、《三年问》、《丧服四制》。

2. 祭礼

甲．祭制：《祭法》。

乙．论祭义：《祭义》、《祭统》。

3. 冠礼：《冠义》。

4. 昏礼：《昏义》。

5. 乡饮酒礼：《乡饮酒义》。

6. 射礼：《射义》。

7. 燕礼：《燕义》。

8. 聘礼：《聘义》。

9. 投壶礼（含逸礼正经一篇）：《投壶》。

分类往往是见仁见智的，所持标准不同，类目自然就有别。高氏分类，对于想初步掌握《礼记》驳杂内容的读者而言，应有所帮助。

四 《礼记》的意义与价值

《仪礼》或其他古礼经是研究古代礼制的重要文献，但由于内容多是礼节仪式，对于各种仪节设计的用意，读者往往难以知晓，《礼记》补足了这点缺憾。今本《礼记》的《冠义》、《昏义》、《乡饮酒义》、《射义》、《燕义》、《聘义》等篇，正是阐释《仪礼》中相应的专礼，而与丧服有关的《丧服小记》、《问丧》、《间传》等篇，则是补记《仪礼》的《丧服》、《士丧礼》等篇的不足。《礼记》关于阐释礼经意涵的篇章，可指引后人阅读礼经的思考方向。

除了阐释古礼经义之外，《礼记》也选编儒家礼论著述，因此也是后人深究儒学思想的重要资料，梁启超《要籍解题及其读法》说：

> 欲知儒家根本思想及其蜕变之迹，则除《论语》、《孟子》、《荀子》外，最要者实为两《礼记》。而《礼记》方面较多，故足供研究资料者亦较广。

透过《礼记》，可以看到儒家小至修身、大至治国的种种思想。

以教育思想为例。我们从《论语》里可以看到孔子与学生之间的互动，可以基本勾勒出儒家教育思想的概貌，而通过《学记》，我们看到的是完整地体现儒家教育理念的专论。《学记》所提出的教育思想及方法，至今仍对学校教育，乃至所有广义的"教育者"与"学习者"都具有指导意义。以教学方法为例，《学记》提出"豫"、"时"、"逊"、"摩"四种理论："豫"是预防，一如现代学校要订定共同生活常规，导引学生品行，使学生懂得为与不为的分寸，这便是"豫"的观念；"时"是适时，意指在适当时机教育学生合宜的知识，可说是结合孔子

"因材施教"与兵家"因势利导"的观念;"逊"是渐进,指循序渐进地施教,就像各级学校选编教材莫不由浅至深、由简及繁、由具体而抽象,以配合学生逐步成长的理解能力;"摩"是观摩,意指互相观摩学习,其中含藏着孔子见贤思齐的学习精神,也是现代学校教育甚至社会各行各业善用的方法。《学记》的意义不止是后人研究儒家教育观的学术资料,两千多年来,它一直为历来无数"教者"、"学者"指引方向,韩愈写出有名的《师说》、《进学解》,岂能不受《学记》启发!现代校园有所谓的观摩教学、鼓励各级教师应该多多进修等,其理念源头焉能与《学记》以至孔子无关!

此外,《礼记》也保留了许多值得深思遵循的处世之道。如《少仪》说"不窥密",即不窥探他人的私密,今天常讲保护个人的隐私权,而各类大众传媒上却总是流言满天飞,狗仔队大行其道,因此这古老而又陈旧的道德规范,至今并不过时。《礼记》中所记个人修身养性的基本准则,俯拾即是。研读《礼记》不只让我们了解古代儒家的思想,更可鉴古知今,为现代人安身立命的处世之道。

《礼记》的今注今译,近十年来有许多新著问世,如杨天宇的《礼记译注》(中华书局,1997),姜义华的《新译礼记读本》(台湾三民书局,1997),吕友仁、吕咏梅的《礼记全译》(贵州人民出版社,1998),王文锦的《礼记译解》(中华书局,2001),钱玄、钱兴奇的《礼记》(岳麓书社,2001),潜苗金的《礼记译注》(浙江古籍,2007)等。本书编写旨在推广,希望以平浅易读的文字,引领一般读者了解《礼记》的要义。考虑出版字数的限制,我们只能选录部分篇章:全篇选释的篇目有《学记》、《祭法》、《经解》、《缁衣》、《冠义》、《昏义》;部分选释的篇目有《曲礼》上、《曲礼》下、《王制》、《礼运》、《乐记》、《祭义》。

各篇内容分为四部分:首先是题解,先引郑玄《礼记目录》，然后再概括通篇内容旨意。其次是正文，参考其他版本据实校勘，有误者于注释中说明。再次是注释，注释兼及章句训诂与名物制度解释，引述各家说法以简明为原则，常见的郑玄注、孔颖达疏简称郑注、孔疏，其他注家或相关著作则引用作者与书名，如陈澔《礼记集说》、孙希旦《礼记集解》。最后是译文，译文以直译为主，原文过于精干无法直译表达时，才兼用意译。

作者
2015 年 12 月

曲礼上

郑玄《礼记目录》云："名曰'曲礼'者，以其篇记五礼之事。祭祀之说，吉礼也；丧荒、去国之说，凶礼也；致贡、朝会之说，宾礼也；兵车、旌鸿之说，军礼也；事长、敬老、执贽、纳女之说，嘉礼也。"

"曲礼"一语，除了见于本篇题之外，又见于《礼记·礼器》："经礼三百，曲礼三千。"经礼是指礼的主要内容，曲礼是指礼的各种详细仪节。本篇以"曲礼"命名，自来有几种不同看法：一、郑玄《礼记目录》认为本篇内容包含吉、凶、军、宾、嘉五礼，故名"曲礼"；此"曲"字有周遍之意。二、陆德明《经典释文·礼记音义》认为"曲礼"乃"仪礼"的旧名，委曲详细说礼之事。三、孙希旦《礼记集解》认为"曲礼"之命名，只是取篇首"曲礼"二字，篇首《曲礼》乃是古礼篇名。四、任铭善《礼记目录后案》认为"曲礼"之名得之于《汉书·艺文志》之《曲台后仓》九篇（《儒林传》作《后氏曲台记》）。该书是汉代礼学家后仓在汉宫曲台说礼的著作，书已亡佚；任氏认为可能以此书说于曲台，故称之；也可能以其内容多引古说、曲尽礼义，故称之。

综观《礼记·曲礼》全篇，的确包括郑玄所说的五礼的各个方面，且细微末节十分周全，又有平日举手投足、进退应对、饮食出行等生活礼仪，内容十分驳杂，郑、陆之说应该是有道理的。然而，《礼记》全书又不乏以篇首字句题名者，如《曾子问》、《文王世子》、《郊特牲》、《哀公问》等，故孙、任解题也未必不可信。

《曲礼》本为一篇，由于篇幅较大，简册繁重，所以分为上、下两篇，《檀弓》、《杂记》亦然。

本篇《曲礼上第一》，选释 62 小节。

1.《曲礼》曰：毋不敬①，俨若思②，安定辞③，安民哉。

【注释】

①毋不敬：郑注："礼主于敬"，所以开宗明义便说，"毋不敬"。

②俨：庄严、庄重的样子。

③安定：和气，合理，审慎。辞：指言语。

【译文】

《曲礼》说：遇事待人无不恭敬严谨，神态端庄持重，若有所思，说话言辞审慎，和气，合理，这样就能安定民心了。

2.敖不可长①，欲不可从②，志不可满，乐不可极。

【注释】

①敖：同"傲"，傲慢。

②从（zòng）：同"纵"。

【译文】

傲气不可滋长，欲望不可放纵，志气不可自满，享乐不可超限。

3.临财毋苟得①，临难毋苟免。很毋求胜②，分毋求多。疑事毋质③，直而勿有。

【注释】

①苟：苟且，随便。

②很：通"狠"。郑注："谓争讼也。"

③疑事毋质：是指一旦对事情有所疑惑，切莫以既定
  的成见下判断。质，郑注："成也。"

【译文】

面对财物，不该取得的东西绝不取得；面对危难，不
该避开的责任绝不避开。与人争执时不求胜利，分配财物
时不求多得。对于有疑的事情，不以自己的成见擅加判断，
意见正确时也不自以为是。

4. 若夫坐如尸①，立如齐②。礼从宜，使从俗。

【注释】

①若夫（fú）：如果。夫，为语助词。尸：古代祭祀
  时用以代替神鬼受祭的人。孔疏："尸居神位，坐必
  矜庄。"

②齐（zhāi）：通"斋"。

【译文】

如果坐着就要像尸那样庄重地端坐，站着就要像斋戒
时那样恭敬地肃立。行礼要顺从时宜，出使要遵从他国的
风俗。

5. 夫礼者，所以定亲疏、决嫌疑、别同异、明
是非也。礼，不妄说人①，不辞费。礼，不逾节，

不侵侮，不好狎。修身践言，谓之善行。行修言道，礼之质也。礼，闻取于人，不闻取人。礼，闻来学，不闻往教。

【注释】

①说（yuè）：后作"悦"。

【译文】

礼，是用来决定亲疏、判断嫌疑、分别异同、明辨是非的。礼，不胡乱取悦、讨好人，不说多余的话。礼，不逾越节度，不侵犯侮辱，不轻佻亲狎。修养自身、实践所言，叫作善行。行为有修养，说话合于道理，这是礼的本质。礼，只听说要主动向人取法学习，没听说硬让人取法学习的。礼，只听说学礼者要前来学习，没听说授礼者跑上门去传授的。

6. 道德仁义，非礼不成；教训正俗，非礼不备；分争辨讼，非礼不决；君臣上下，父子兄弟，非礼不定；宦学事师①，非礼不亲；班朝治军，莅官行法，非礼威严不行；祷祠祭祀②，供给鬼神，非礼不诚不庄。是以君子恭敬、撙节、退让以明礼③。鹦鹉能言，不离飞鸟；猩猩能言，不离禽兽。今人而无礼，虽能言，不亦禽兽之心乎？夫唯禽兽无礼，故父子聚麀④。是故圣人作，为礼以教人，使人以有礼，知自别于禽兽。

【注释】

①宦学:"宦"指为吏者,"学"指学习六艺者。孙希旦曰:"宦,谓已仕而学者;学,谓未仕而学者。"

②祷祠祭祀:吴澄曰:"祷祠者,因事之祭;祭祀者,常事之祭。"

③撙(zǔn)节:节制。

④麀(yōu):牝鹿,泛指雌兽。

【译文】

道德仁义,若没有礼就不能实行、完成;教导训诫、端正风俗,若没有礼就不能完备;分辨争讼,若没有礼就不能决断是非曲直;君臣上下、父子兄弟之间,若没有礼就不能确定尊卑名分;为学习做官、学习道艺而侍奉师长,若没有礼就不能亲近和睦;上朝按官位依次排列、治理军队,做官在位、执行法令,若没有礼就没有威严,一事无成;无论特别的祭祀或定期的祭祀,供奉鬼神时,若没有礼就不能虔诚庄重。因此君子抱持恭敬、节制、退让的态度,以彰显礼。鹦鹉虽能说话,终究不过是一种飞鸟;猩猩虽能说话,终究不过是一种禽兽。而今要是作为人却没有礼,虽然能说话,不也还是禽兽之心吗?只因禽兽不知礼,所以父子与同一雌兽交配。因此圣人兴起,制定礼法来教导人,使人从此而有礼,知道把自己与禽兽区别开来。

7. 大上贵德①,其次务施报②。礼尚往来,往而不来,非礼也;来而不往,亦非礼也。人有礼则安,无礼则危。故曰,礼者不可不学也。夫礼者,自卑而尊人，虽负贩者，必有尊也，而况富贵乎？富贵而知好礼，则不骄不淫；贫贱而知好礼，则志不慑③。

【注释】

①大上：指上古的三皇五帝之世。大，同"太"。郑注："大上，帝皇之世。"

②其次：指上古以后的世代。孙希旦曰："其次，谓后王也。"

③慑（shè）：胆怯，困惑。郑注："犹怯惑。"

【译文】

上古时以德为贵，后世才讲究施惠与回报。礼，崇尚有往有来，施惠于人而人不来报答，这是失礼；人来施惠而不去报答，也是失礼。人有礼，人际关系就会安定平和，无礼就会危险。所以说，礼是不可不学的。所谓礼，须自我谦卑而尊重别人，虽然是挑担做买卖的人，也一定有值得尊重的，何况是富贵的人呢？富贵的人而知道喜好礼，就能不骄奢淫逸；贫贱的人而知道喜好礼，心志就能够不怯懦疑惑。

8. 人生十年曰幼，学。二十曰弱，冠①。三十曰壮，有室。四十曰强，而仕。五十曰艾②，服官政③。六十曰耆④，指使。七十曰老，而传⑤。八十、九十曰耄⑥，七年曰悼⑦。悼与耄，虽有罪，不加刑焉。百年曰期，颐。

【注释】

①冠（guàn）：冠礼，举行加冠的仪式，表示已成年。其礼节可参阅《仪礼·士冠礼》、《礼记·冠义》。

②艾：衰老，指发色苍白如艾。

③服官政：成为行政主管。孔疏："五十堪为大夫，大夫得专事其官政，故曰'服官政'。"

④耆（qí）：年老，六十岁以上的人。

⑤传：指将家族大事传给子孙。孔疏说，传给子孙的家族大事，主要是祭祀之事。

⑥耄（mào）：年老，八九十岁的年纪。

⑦悼：爱怜。

【译文】

人生十岁称为幼，可开始学习。二十岁称为弱，举行成人加冠礼。三十岁称为壮，可娶妻成家。四十岁称为强，可当官。五十岁称为艾，可做行政主管。六十岁称为耆，可指使人做事。七十岁称为老，可将家族事务传给子孙。八十岁、九十岁称为耄，七岁称为悼。悼与耄年龄段的人，虽然有罪，也不施以刑罚。满百岁称为期，由人赡养，颐养天年。

9. 大夫七十而致事，若不得谢，则必赐之几杖^①，行役以妇人。适四方，乘安车^②。自称曰老夫，于其国则称名。越国而问焉^③，必告之以其制。

【注释】

①几（jī）杖：几，一种可以靠背的用具。古人席地跪坐，为照顾老人不致过于劳累，赐几凭靠而坐可以比较舒服。杖，拄杖，拐杖。这里应特指君王赐给高龄老人的"王杖"、"鸠杖"，是一种端首装有木刻鸠鸟的木杖。武威出土《王杖十简》及《王杖诏书令册》都有汉代给高龄老人颁王杖及各种优待的诏令："高皇帝以来至本始二年，朕甚哀怜耆老，高年赐王杖，上有鸠，使百姓望见之，比于节；吏民有敢骂詈殴辱者，逆不道；得出入官府节第……"《张家山汉墓竹简·二年律令·傅律》："大夫以上年七十，不更七十一……皆授杖。"在甘肃武威发掘出土的"王杖"，木制，长2米，顶端安有木刻的鸠鸟。

②安车：可安稳乘坐的小车。

③越国而问：郑注："邻国来问。"

【译文】

大夫七十岁时即可退休，如果无法辞官，就一定要赐给他凭几与拄杖，出差办事要带着伴随看护的妇人。出使四方，要乘坐安车。可以自称老夫，但在本国之内仍然称名。他国使者来访问，一定要把本国的典章制度告诉对方。

10. 谋于长者，必操几杖以从之①。长者问，不辞让而对，非礼也。

【注释】

①从：往。郑注："犹就也。"

【译文】

跟长者商议事情，一定要拿着凭几与拄杖前往。长者问话，不谦让就直接回答，是不合礼仪的。

11. 凡为人子之礼，冬温而夏凊①，昏定而晨省②，在丑夷不争③。

【注释】

①凊（qìng）：凉。

②定：指铺设安放床褥被枕等。省：问候安适与否。

③丑：众人。夷：平辈，同侪。

【译文】

举凡做儿子之礼，要使父母冬天感到温暖而夏天感到清凉，晚上要为父母铺床而早晨要向父母请安，在众同辈之中不和人争斗。

12. 夫为人子者，三赐不及车马①，故州闾乡党称其孝也②，兄弟亲戚称其慈也，僚友称其弟也③，执友称其仁也④，交游称其信也；见父之执，不谓之进不敢进，不谓之退不敢退，不问不敢对。此孝子之行也。

【注释】

①三赐：三命之赐，指为官一而再、再而三地受到君王的任命封赏。郑注："凡仕者，一命而受爵，再命而受衣服，三命而受车马。"孝子做到三命之官，接受官位却不受车马，因为受命可光宗耀祖，受车马则只能安己身，因此不接受车马之赐。

②州闾乡党：地方上的各级单位。据《周礼》记载，二十五家为闾，四闾为族，五族为党，五党为州，五州为乡。

③弟（tì）：同"悌"，敬顺兄长。这里指以对兄长的态度来对待同僚。

④执友：指志同道合的朋友。执，同志。

【译文】

做儿子的，受到三命之赐而不敢接受车马，因此州、闾、乡、党地方各级都称赞他孝顺，兄弟亲戚都称赞他慈爱，共事的同僚称赞他恭顺，志同道合的朋友称赞他是仁人，平时交往的人都称赞他诚信可靠；见父亲的友人，不告诉他可以进前来就不敢任意进前来，不告诉他可以退下去就不敢任意退下去，不向他发问就不敢任意说话。这就是孝子应有的品德行为。

13. 夫为人子者，出必告，反必面，所游必有常①，所习必有业，恒言不称老②。年长以倍，则父事之；十年以长，则兄事之；五年以长，则肩随之③。群居五人，则长者必异席④。

【注释】

①常：常规，经常不变。这里指出游有规律，总去一
　定的地方，以免父母担心。

②不称老：以免父母听了"老"字因联想而伤感。

③肩随：并行而稍居后，表示谦逊。

④异席：古人铺席而坐，每席坐四人，并推年长者坐
　席端，若有五人，其中一人必须另外设席，则推长
　者异席，表示尊敬长者。

【译文】

　　做儿子的，出门前一定要禀告父母，返家后一定要面
告父母；出游有常规，有一定的地方；学习一定有专业，
平常说话不说老字。比自己年长一倍的人，就像父辈一样
侍奉他；比自己年长十岁的人，就像兄长一样侍奉他；比
自己年长五岁的人，与他差不多并肩而行但稍后一些。有
五人同处而坐，年最长者必须另设一席单坐。

　　14. 为人子者，居不主奥①，坐不中席，行不中
道，立不中门。食飨不为槩②，祭祀不为尸③。听于
无声，视于无形④。不登高，不临深。不苟訾，不
苟笑。孝子不服暗⑤，不登危，惧辱亲也。父母存，
不许友以死，不有私财。

【注释】

①奥：室中的西南角，古人认为是室内最尊的位置。

②食（sì）飨：食礼和飨礼。食、飨礼皆行于宴会宾客

或宗庙祭祀。槩（gài）：同"概"，限量。

③不为尸：如儿子充当宗庙的尸，父参加祭祀，尸将
尊临其父，这是孝子不能接受的。古代一般以孙辈
小孩子为尸。

④听于无声，视于无形：父母没有说话，就已经知道
他们要说什么；父母没有动作，就知道他们要做什
么。指在父母示意之前，就揣知父母的心意。

⑤暗：此处指暗中。

【译文】

做儿子的，居处不敢占据室内西南角的位置，坐时不
敢坐在席的中间，行走时不敢行在路的中间，站立时不敢
站在门的中央。举行食、飨礼招待宾客时，饮食多寡由尊
长决定，不敢擅自做主限量；祭祀时，不充当尸。虽未听
到父母的声音、未见到父母的身形，就能在父母指使之前
揣知他们的心意。不攀登高处，不身临深渊。不随便诋毁，
不随便嬉笑。孝子不在黑暗中做事，不到危险的地方，惧
怕因此使父母受辱。父母在世，不向朋友承诺可以献身去
死，不背着父母私存钱财。

15. 为人子者，父母存，冠、衣不纯素①。孤子
当室②，冠、衣不纯采③。

【注释】

①不纯（zhǔn）素：不以白色镶边，这是因为白色是
丧服之色。纯，指衣、冠的镶边。

②孤：未婚娶而父已亡故。

③不纯采：采是喜庆之色，孝子为寄托丧父哀思，衣
冠不用彩色镶边。

【译文】

做儿子的，父母在世，帽子与衣服不敢以白绸镶边。
孤子当家，帽子与衣服不敢以彩绸镶边。

16. 幼子常视毋诳^①。童子不衣裘裳^②，立必正
方，不倾听。长者与之提携，则两手奉长者之手。
负、剑^③，辟咡诏之^④，则掩口而对。

【注释】

①视：通"示"，示范。

②童子不衣裘裳：小孩子穿裘皮袄、着裙装，既不合
身体需求，又不便做事活动，所以"不衣"。

③剑：指牵在身旁。

④辟咡（èr）：指转头对童子说话。诏：教，告。

【译文】

对幼儿要正确引导，不能说谎骗人给他做示范。儿童
不穿皮裘与裙裳，站立时必须姿势端正，听人说话不歪头
侧耳。长者牵着儿童行走时，儿童应该用双手捧着长者的
手。长者将小孩子背在背上或领在身旁，转头侧脸跟儿童
说话，小孩子要掩着口回答。

17. 从于先生，不越路而与人言。遭先生于道，

趋而进，正立拱手。先生与之言则对，不与之言则趋而退。从长者而上丘陵，则必乡长者所视①。

【注释】

①乡（xiàng）：通"向"，面向。

【译文】

跟随先生走路时，不可自顾自跑到路对过去跟人说话。在路上遇到先生，应快步前进，对先生立正拱手。先生跟他说话就应答，不跟他说话就快步退下。跟随长者登上丘陵时，则一定要面向长者所看的方向。

18. 登城不指，城上不呼①。

【注释】

①登城不指，城上不呼：这是怕城下的人望见、听见，因不知其故而感到疑惑害怕。

【译文】

登城时不要指指点点，在城上时不要喊叫。

19. 将适舍，求毋固①。将上堂，声必扬。户外有二屦②，言闻则入，言不闻则不入③。将入户，视必下④。入户奉扃⑤，视瞻毋回；户开亦开，户阖亦阖；有后入者，阖而勿遂⑥。毋践屦，毋踖席⑦，抠衣趋隅⑧，必慎唯诺。

【注释】

①固：指平常固有的习惯。

②户外有二屦（jù）：户外有两双鞋，指室内有两个人。旧注说，因长者的鞋可放在室内，所以也可能室内有三个人。

③言不闻则不入：指在外面听不见室内说话的声音，那么室内的人可能在密谋私事，因此不入内打搅别人。

④视必下：眼光向下，是为了避免看到他人隐私。

⑤奉扃（jiōng）：双手犹如捧着门闩的样子。这里是表示恭敬之意，不是真的捧扃。扃，门闩、门杠，是关闭门户用的横木。

⑥阖而勿遂：慢慢地掩上门，但不关死，表示不拒绝后来的人。

⑦毋踖（jí）席：古人席地而坐，到席子上就位时，要从席子的后方走上坐下，不能从席子的前方走上去。如果从席子的前方走上去，就叫做"踖席"。踖，踩踏。

⑧抠（kōu）：提起。

【译文】

将出外投宿馆舍，各种要求不能像平时在家的习惯一般。快走到堂上时，要先发出声音表示自己的来到。如果门户外放着两双鞋，听得到室内说话的声音就进去，听不到室内说话的声音就不进去。将要进室门时，眼光要朝下。进门时，双手要像捧着门栓一样恭敬地放在胸前，不回头四处张望；进入室内时，门若本来就开着，进了门也还是让它开着；门若本来就关着，进了门也还是让它关着；如果后面还有人要来，就把门慢慢掩上，不要关死。不可践踏别人的鞋子，不可从坐席前方上席，要提起衣服快步走到席的下角上席就座。谈话时，一定要小心谨慎地应对。

20. 大夫、士出入君门，由阘右^①，不践阈^②。

【注释】

①阘（niè）：门橛，即大门中竖立的短木。照礼制规定，进大门主人走阘右，宾客走阘左。大夫、士进门走阘右，表示以臣从君，臣统于君，不是宾。

②阈（yù）：门槛。

【译文】

大夫、士出入国君的大门，要从门橛的右侧走，不能践踏门槛。

21. 凡与客入者，每门让于客。客至于寝门，则主人请入为席，然后出迎客。客固辞，主人肃客而入^①。主人入门而右，客入门而左。主人就东阶，客就西阶。客若降等，则就主人之阶。主人固辞，然后客复就西阶。主人与客让登，主人先登，客从之，拾级聚足^②，连步以上。上于东阶则先右足，上于西阶则先左足。

【注释】

①肃客：指引导客人进入。肃，进。

②拾（shè）级聚足：上台阶时，前脚登一阶，后脚跟上与前脚并立。据《仪礼·燕礼》贾公彦疏，古时登阶有四法：一是"连步"，即前脚登一阶，后脚跟上与前脚并立，逐阶并脚而登；二是"栗阶"，即快速登阶，开始也是聚足连步，接着改为左右脚各登一阶；三是"历阶"，即左右脚一脚各登一阶；四是"越阶"，即左右脚跨越三级而上。

【译文】

凡主人与客人一起进门，每过一门，主人都要让客人先进。客人走到寝门口，主人先请入内铺席，然后再出来迎客。客人一再推辞后，主人就引导客人入门。主人进门后朝右走，客人进门后朝左走。主人到东阶，客人到西阶。客人身份爵级若低于主人，就跟随主人到东阶前。主人一再推辞，然后客人又回到西阶前。登台阶时，主人与客人彼此谦让，主人先登一阶，客人也随之登一阶，登阶时都是前脚登上而后脚随之并立，两脚连步相随，后脚不越过前脚。若从东阶上，则右脚在前先登；若从西阶上，则左脚在前先登。

22.帷薄之外不趋①。堂上不趋。执玉不趋。堂上接武②。堂下布武③。室中不翔④。并坐不横肱⑤。授立不跪。授坐不立。

【注释】

①帷：布幔。薄：帘子。趋：小步快走，表示恭敬的
　礼节。

②接武：小步行走，左右两脚脚步接续。武，足迹。

③布武：指迈开步子行走，左右两脚脚步分开。

④翔：指行走时张开双臂。

⑤肱（gōng）：指胳膊。

【译文】

　　走到布幔、帘子外就不必小步快走了。在堂上不要小
步快走。拿着玉不要小步快走。在堂上行走步子要小，脚
印相续。在堂下行走迈开步子而行。在室内行走不要张开
手臂。与人并坐时不要横伸手臂。交付物品给站着的人不
可下跪。交付物品给坐着的人不可站立。

　　23. 凡为长者粪之礼①，必加帚于箕上②，以袂
拘而退，其尘不及长者，以箕自乡而扱之③。奉席
如桥衡④。请席何乡，请衽何趾⑤。席南乡、北乡，
以西方为上；东乡、西乡，以南方为上。

【注释】

①粪：扫除，指扫除垃圾污秽。

②必加帚于箕上：把扫帚放在簸箕上须两手捧箕，是
　向长者表示恭敬。

③乡：通"向"。下同。扱（xī）：收取。

④桥：桔槔（gāo）。衡：指桔槔中用作杠杆的横木。

据郑注，捧席时应当让席像桔槔上的横木，要左高右低。

⑤衽（rèn）：卧席。

【译文】

凡是为长者扫除之礼，一定要把扫帚放在簸箕上，扫的时候用长袖遮挡着扫帚所扫之处，边扫边后退，不要让扬起的灰尘飘向长者，把簸箕朝着自己将垃圾扫进去。捧着卷席给长者时，要像桔槔上的横木一样左高右低。为长者铺坐席，要先请示长者面朝什么方向；为长者铺卧席，要先请示长者脚朝什么方向。席如果向南或向北，则以西方为上位。如果向东或向西，以南方为上位。

24. 若非饮食之客①，则布席，席间函丈②。主人跪正席，客跪抚席而辞。客彻重席③，主人固辞。客践席，乃坐。主人不问，客不先举。将即席，容毋怍④。两手抠衣去齐尺⑤。衣毋拨，足毋蹶⑥。

【注释】

①非饮食之客：即"讲问之客"，指来讨论学问的客人。

②函：容，指席间的距离。

③彻：撤去，撤除。重席：为了表示尊敬，主人给客人铺两重坐席。

④怍（zuò）：改变脸色。

⑤齐（zī）：衣服的下摆。

⑥蹶（jué）：急遽。

【译文】

如果不是前来饮食的客人，为客人铺坐席，席与席之间距离一丈远。主人跪下为客人摆正席子，客人要跪下按着席子辞谢。客人要撤去重席，主人坚持不许。客人上席之后，主人才坐下。主人不发问，客人就不先主动问话谈论。客人将要就座时，脸色不要有所改变。用双手提起下身衣裳，让下摆离地一尺。衣裳不要乱抖，脚步不要急促。

25. 先生书策琴瑟在前，坐而迁之^①，戒勿越。虚坐尽后^②，食坐尽前。坐必安，执尔颜。长者不及，毋儳言^③。正尔容，听必恭。毋剿说^④，毋雷同。必则古昔，称先王。侍坐于先生，先生问焉，终则对。请业则起，请益则起。父召无诺，先生召无诺，唯而起^⑤。侍坐于所尊敬，毋余席。见同等不起。烛至，起。食至，起。上客，起。烛不见跋^⑥。尊客之前不叱狗。让食不唾。

【注释】

① 坐：跪。古人席地而坐，坐姿与跪姿没有很大差异。

② 虚坐：也叫"徒坐"，即非饮食之坐。"虚坐尽后"是为了表示谦逊，"食坐尽前"则避免玷污坐席。

③ 毋儳（chàn）言：如长者正谈论甲事，少者不得忽然以乙事打岔捧入。

④ 剿（chāo）说：取人之说以为己说。

⑤ 诺、唯：皆应答之辞，郑注说"唯恭于诺"。"诺"

是嘴上答应却未行动也；"唯"是嘴上一答应，立即付诸行动。

⑥烛不见跋：是说，不要等烛火燃尽才更换，烛火燃尽会使客人生发厌倦之心而告辞。跋，指烛火的底部。

【译文】

先生的书册、琴瑟陈设在前，弟子要跪着将它移开，切不可跨越。不是饮食的坐席要尽量往席后坐，饮食时的坐席就要尽量往席前坐。坐时要安稳，保持你的容色。长者还未提及的话题，不可忽然打岔先说。端正你的仪容，听话时一定要态度恭敬。不可抄袭别人的说法，也不可与别人随声附和。一定要效法古代，称扬先王贤君。在先生跟前陪坐，先生问话，要待先生说完才回答。请教问题时要起立，再次请教时也要起立。父亲召唤时不要答诺而不行动，先生召唤时不要答诺而不行动，要答唯后随即起身行动。在所尊敬的人跟前陪坐时，要坐在最靠近尊者的地方，不要让坐席空着位子。见到同辈时，不必起立。烛火送来时，要起立。食物送来时，要起立。贵客来到时，要起立。不要等烛火烧到底部才更换。在尊敬的客人面前，不呵叱狗。在主人劝食时，不要吐口水。

26. 侍坐于君子，君子欠伸，撰杖屦，视日蚤莫①，侍坐者请出矣。侍坐于君子，君子问更端，则起而对。侍坐于君子，若有告者曰："少闲，愿有复也。"则左右屏而待。毋侧听，毋噭应②，毋淫

视③，毋怠荒。游毋倨，立毋跛④，坐毋箕，寝毋
伏。敛发毋髢⑤，冠毋免，劳毋袒，暑毋褰裳。

【注释】

①蚤：通"早"。莫（mù）："暮"的古字。

②噭（jiào）：声响高急。

③淫视：眼光游移不定，左顾右盼。

④跛：郑注："偏任也。"指站立时身体歪斜，重心只
偏于一脚。

⑤毋髢（tì）：郑注云："毋垂余如髲也。"髲（bì）是
假发。这是说，不要披头散发，让长发垂下像一头
假发似的。

【译文】

在君子跟前陪坐，君子打哈欠、伸懒腰时，就拿着手
杖、穿着鞋子，看看天色早晚，然后陪坐者就该主动请求
离开了。在君子跟前陪坐，君子问话转到另一个话题时，
要起立回话。在君子跟前陪坐，如果有人来报告说："等稍
有空闲时，希望能向您报告。"左右之人就要退避到别处等
待。不要歪着头、侧着耳听别人说话，回话不要大声叫喊，
眼光不要游移不定，身体不要放纵懈怠。行走时态度不要
傲慢，站立时身体不要倾斜，坐着时两脚不要像簸箕一样
前伸张开，睡觉时不要趴着睡。头发要收束齐整，不要披
头散发；戴着帽子不要随意摘下，劳动时不要袒胸露肩光
膀子，天热时不要拉起裙裳。

27. 侍坐于长者，屦不上于堂，解屦不敢当阶。就屦，跪而举之，屏于侧。乡长者而屦①，跪而迁屦，俯而纳屦。

【注释】

①乡：通"向"。

【译文】

在长者跟前陪坐，鞋子不穿到堂上，脱鞋时不敢对着阶梯处。穿鞋时，先跪着拿起鞋子，再退避到一旁穿鞋。穿鞋时若面向长者，就跪着把鞋移开，然后俯身穿鞋。

28. 离坐离立①，毋往参焉。离立者，不出中间。男女不杂坐，不同椸枷②，不同巾栉，不亲授。嫂叔不通问。诸母不漱裳③。外言不入于梱④，内言不出于梱。女子许嫁，缨⑤，非有大故⑥，不入其门。姑、姊妹、女子子⑦，已嫁而反，兄弟弗与同席而坐，弗与同器而食。父子不同席。男女非有行媒，不相知名⑧；非受币⑨，不交不亲。故日月以告君，齐戒以告鬼神⑩，为酒食以召乡党僚友，以厚其别也。取妻不取同姓，故买妾不知其姓则卜之。寡妇之子，非有见焉，弗与为友⑪。

【注释】

①离坐离立：指两人并坐或并立。离，郑注云："两也。"

②椸（yí）：晾衣服的竿子。枷：通"架"，衣架。

③诸母：孔疏云："谓父之诸妾有子者。"即庶母。漱：
　洗涤。古人认为下身所穿的衣服较卑亵，不能让诸
　母洗涤，以示尊重。

④梱（kǔn）：门槛。

⑤缨：女子许婚后，系上缨带作为标志。

⑥大故：灾变或疾变。

⑦女子子：女儿。古代儿女通称为"子"，为区别儿
　子，就称"女子"或"女子子"。

⑧男女非有行媒，不相知名：男女之间只有通过媒人
　传话才相知姓名。古代婚礼六礼之一为"问名"，
　男方通过媒人请问女方的名字以占卜吉凶。

⑨受币：指女方接受男方的聘礼。古代婚礼六礼之一
　为"纳币"，又名"纳征"。

⑩齐（zhāi）：通"斋"。

⑪"寡妇"三句：是说，寡妇之子假如有奇才异行，
　就可以与之为友；假如此子平庸，则不与其往来。
　这是为了避免与寡妇往来的嫌疑。见（xiàn），同
　"现"，表现。

【译文】

有两人并坐并立时，不可插身到其中。见两人并立
时，不从当中穿过。男女不随意混杂坐在一起，不共用衣
竿衣架，不共用毛巾、梳子，不亲手递送物品。嫂嫂、小
叔之间不相问候。不让庶母洗涤裙裳。男人在外的职事不
带入家门讨论，家务事也不出去宣扬。女子许婚后，要系
上缨带，没有特别的变故，不可进入她的闺门。若已出嫁

的姑姑、姊妹、女儿返家，兄弟不与她们坐在同一张席子上，不与她们共用食器一起吃饭。父子不坐在同一张席子上。男女之间没有媒人从中引介，不会互相知道彼此的名字；女方没有接受男方的聘礼，男女双方就不交往、不亲近。因此，把结婚的日期禀告君主，斋戒后报告家庙中的神鬼，置办酒食招待同乡同事和朋友，凡此都是为了使男女之间更加慎重。娶妻不娶同姓之女，所以买妾时若不知其姓，就要占卜贞问来确定。寡妇的儿子，若非表现出众，不与他交朋友。

29. 贺取妻者，曰："某子使某①，闻子有客，使某羞②。"贫者不以货财为礼，老者不以筋力为礼。

【注释】

①某子使某：前"某"指代贺者，后"某"指代表贺者送礼的使者。

②羞：进献。

【译文】

祝贺别人娶妻，要说："某人派某前来，听说您有客人，派我来进献礼物。"贫穷人家不必以财物作为贺礼，老年人不耗费体力行礼。

30. 名子者不以国①，不以日月，不以隐疾，不以山川。

【注释】

①不以国：古人名子不以国、日月、山川，是因为凡此皆日常用语，难以避讳，因此不用。

【译文】

给儿子起名，不用国名，不用日月名，不用身体隐蔽之处的疾病名，不用山川名。

31. 男女异长①。男子二十，冠而字②。父前，子名；君前，臣名。女子许嫁，笄而字③。

【注释】

①男女异长：兄弟与姊妹各自排行，不相杂混。

②冠：冠冕，这里指冠礼，是男子的成人礼，要加戴冠冕。

③笄（jī）：发簪，这里指笄礼，是女子的成人礼，要绾发加笄，与男子的冠礼相似。

【译文】

家中男女各按性别依长幼排行。男子到了二十岁，行加冠成年礼且另外取字。在父亲面前，儿子自称名；在君主面前，臣子自称名。女子许婚后，要为她绾发加笄且另外取字。

32. 凡进食之礼，左殽右胾①，食居人之左②，羹居人之右。脍炙处外，醯酱处内③，葱渫处末④，酒浆处右。以脯脩置者⑤，左朐右末⑥。客若降等，执食，兴，辞。主人兴，辞于客，然后客座。主人延客祭⑦，祭食，祭所先进，殽之序，遍祭之。三饭，主人延客食胾，然后辩殽⑧。主人未辩，客不虚口⑨。

【注释】

①殽：通"肴"，带骨切块的熟肉。胾（zì）：切片的纯肉。

②食（sì）：饭食。

③醢（xī）：醋。

④渫（xiè）：蒸葱。

⑤脯脩：干肉。"脯"、"脩"小有不同，"脯"是条状干肉，"脩"是用姜桂等调料加工并捶捣结实的条状干肉。

⑥朐（qú）：干肉中央呈弯曲状的部位。

⑦延客祭：孔疏说，客人地位不及主人，则由主人引导祭祀，其祭法是各取少许席前各种食物，放在豆器之间，表示报答古代造食之人，不忘本；若主客地位相当，则主人毋须"延客祭"。延，引导。

⑧辩：通"遍"。

⑨虚口：郑注说这是指"酳"（yìn），即食毕以酒漱口。

【译文】

凡进餐之礼，左边放置带骨的熟肉，右边放置切片的熟肉，饭食放在人的左边，羹汤放在人的右边。细切的肉与烤熟的肉放在外边，醋与酱放在里边，蒸葱佐料放在末端，酒与浆放在右边。若加设脯、脩两种干肉，则把干肉弯曲的部位朝左，而将干肉的末端朝向右边。客人如果地位低于主人，应该拿着饭起身，向主人辞谢说不敢当。主人也要起身，向客人推辞，然后请客人就座。进食前，主人引导客人祭祀，行食前祭礼时，要从先端上的食物开始，然后依次遍祭所有食物。客人吃过三口饭后，主人要请客人先吃纯肉，然后再逐一品尝各种食物，最后吃到带骨的熟肉。主人还没有吃遍各种食物前，客人不饮酒漱口。

33. 侍食于长者，主人亲馈①，则拜而食；主人不亲馈，则不拜而食。

【注释】

①馈（kuì）：进奉食馔。

【译文】

陪长者吃饭，主人亲自进送食物，要拜谢后才吃；主人未亲自进送食物，就不必拜谢，自己取了吃。

34. 共食不饱①，共饭不泽手②。

【注释】

①共食：指共用食器吃饭。

②不泽手：古人直接用手抓饭吃，与人一同吃饭，手应洁净，吃饭时搓揉双手会把手弄脏，污染饭食，对共饭者不敬。

【译文】

与人共用食器吃饭，不求自顾吃饱；与人共用食器吃饭，不得搓揉双手。

35. 毋抟饭，毋放饭，毋流歠①，毋咤食，毋啮骨，毋反鱼肉，毋投与狗骨②，毋固获，毋扬饭，饭黍毋以箸③，毋嚃羹④，毋絮羹⑤，毋刺齿，毋歠醢⑥。客絮羹，主人辞不能亨⑦。客歠醢，主人辞以窭⑧。濡肉齿决，干肉不齿决。毋嘬炙⑨。卒食，客自前跪，彻饭齐以授相者⑩，主人兴，辞于客，然后客坐。

【注释】

①流歠（chuò）：喝汤像流水一样长长地、不停地喝。

②毋投与狗骨：旧注认为此举有轻贱食物之意，因此不能这样做。

③饭黍毋以箸：古人原本用手抓饭吃，就要等饭稍晾凉后方得食用。用筷子吃饭则是急不可待，不愿等饭黍稍凉后再吃。

④嚃（tà）：不嚼而食。羹中有菜，不嚼菜而吞食，有贪快之嫌，吃相不好。

⑤絮羹：调理羹汤味道，指往羹里添加盐、梅等调味品。这样做令人觉得是嫌主人的食物味道不好。

⑥醢（hǎi）：蘸食用的肉酱。这样做会令人觉得是在嫌主人的酱味道太淡。

⑦亨（pēng）：同"烹"。

⑧窭（jù）：指因贫穷而不能使礼数周到、客人满意。

⑨嚽（chuài）炙：有贪婪之嫌，吃相难看。嚽，大口
　吞食。

⑩彻：撤掉。齐：通"斋"，调味的酱。相者：主人派
　以向客人进食者。

【译文】

　　不要用手把饭团成饭团来吃，不要把手里拿过不吃的
饭再放回盛饭的食器中，喝汤不要长长地喝个不停，吃东
西不要嘴里吃得"喀嚓喀嚓"地响，不要啃食骨头，不要
把拿起的鱼肉又放回食器，不要把骨头扔给狗吃，不要一
个劲地专挑某种特定的食物吃，不要迫不及待地扬去饭中
的热气，不要用筷子吃黍饭，不要不咀嚼羹汤里的菜就急
忙喝下羹汤，不要往盛给自己的羹汤里再添加调味品，不
要在吃饭时剔牙，不要喝调味的蘸酱。客人若为自己的羹
汤调味，主人要致歉表示不善于烹煮羹汤。客人若饮调味
的蘸酱，主人要致歉表示家贫以致礼不周备。吃湿软的肉
可直接用牙齿咬断，吃坚硬的干肉则不宜用牙齿咬食，应
用手撕开而食。吃烤肉不要一口吃下一大块。用餐完毕，
客人应从席前跪起，撤下饭、酱交给相者，主人起身，不
让客人自己动手撤除饭、酱，然后客人再坐下。

　　36. 侍饮于长者，酒进则起，拜受于尊所①；
长者辞，少者反席而饮。长者举，未釂②，少者不
敢饮。

【注释】

①尊：盛酒器。

②醮（jiào）：喝光爵中的酒。

【译文】

陪长者喝酒，见长者为晚辈斟酒时就要赶紧起身，并到放置酒尊的地方向长者行拜礼后接受酒；长者对晚辈的行礼表示推辞，晚辈返回坐席而饮酒。长者举爵邀大家饮酒时，在长者没有喝光爵中酒之前，晚辈不敢喝酒。

37. 长者赐，少者、贱者不敢辞。赐果于君前，其有核者怀其核。御食于君^①，君赐余，器之溉者不写^②，其余皆写^③。

【注释】

①御食：主人吃饭时陪在身边照料劝食。与前文的"侍食"不同，御食者只劝食却不陪同着一起吃。

②溉：洗涤。据郑注，"器之溉者"指陶器、木器等可洗涤者。写：通"泻"，倾倒。

③其余：指食器中不可洗涤者，郑注认为指藤器、竹器等。放在不可洗涤的食器里的食物，之所以必须倒出来另换食器盛放，是怕玷污了国君的器具。

【译文】

长者有所赏赐时，晚辈或身份低下的人不敢推辞。若在国君跟前接受国君赏赐水果，吃剩的果核要藏在怀中表示尊敬。劝国君进食，国君把吃剩的食物赏给劝食者，如果食物放在可洗涤的食器中，就不必倒出来、另换别的食器盛放；如果食物放在不可洗涤的食器里，那就必须倒出来、另换别的食器盛放后，才能食用。

38. 馂余不祭①。父不祭子，夫不祭妻。

【注释】

①馂（jùn）：剩下的饭菜。又，吃剩下的饭菜也叫"馂"。祭：指食前祭，参本篇32节注⑦。

【译文】

吃剩下的饭菜，食用前不必行祭食礼。父亲吃儿子剩下的饭菜，不祭；丈夫吃妻子剩下的饭菜，不祭。

39. 御同于长者①，虽贰不辞②，偶坐不辞③。

【注释】

①御：此处的"御"指陪食。

②贰：指双重的肴膳。不辞：作为长者的陪食者，主人送双重的肴馔是为长者，陪食者不要推辞。

③偶坐不辞：作为陪客也不推辞主人的盛馔，主人设盛馔是为主客，陪客毋须推辞。

【译文】

陪侍长者受邀用餐，待遇与长者相同，虽然主人进上双份的菜肴也不推辞；作为陪客与主客并坐共食，也不推辞主人所进上的菜肴。

40. 羹之有菜者用梜^①，其无菜者不用梜。

【注释】

①梜（jiā）：筷子。

【译文】

羹汤中有菜的，就用筷子吃；那些没有菜的羹汤，就不用筷子吃。

41. 为天子削瓜者副之^①，巾以绤^②。为国君者华之^③，巾以绤^④。为大夫累之^⑤，士疐之^⑥。庶人龁之^⑦。

【注释】

①副：剖分。据郑注，切瓜要先削去瓜皮，将瓜切成四瓣，再横切一刀。

②绤（chī）：细葛布。

③华：从当中剖开，再横切一刀。

④绤（xì）：粗葛布。

⑤累：从当中剖开，不横切，不覆盖。

⑥疐（dì）：通"蒂"。指不从当中剖开，只横切一刀，去除瓜蒂而已。

⑦龁（hé）：咬嚼。指不用刀切，去除瓜蒂后就啃着吃。

【译文】

为天子削瓜，去皮后要切作四瓣，再从中间横切开来，以细葛布覆盖。为国君削瓜，去皮后切成两瓣，再从中间横切开来，以粗葛布覆盖。为大夫削瓜，削皮后切成两瓣而不覆巾；为士削瓜，削皮后只要横切一刀、去除瓜蒂。庶人只要去除瓜蒂就啃着吃。

42. 父母有疾，冠者不栉，行不翔①，言不惰②，琴瑟不御。食肉不至变味③，饮酒不至变貌，笑不至矧④，怒不至詈。疾止复故。有忧者侧席而坐⑤。有丧者专席而坐。

【注释】

①冠者不栉，行不翔：这是说孝子因为心中担忧父母的疾病而不顾及容颜装束，走路也不能自在轻松。

②言不惰：指说话不戏谑玩笑。

③变味：吃肉吃到口味发生变化。旧注说，吃一种食物少食则味不变，多食口味就会发生变化。

④矧（shěn）：齿龈。

⑤有忧：指因父母患病而担忧。侧：特。

【译文】

父母患病，儿子因担忧，以致戴帽子时无暇梳理头发，行走时也不张开双臂迈步走路，说话不戏谑玩笑，不弹奏琴瑟。吃肉不能多到口味发生改变，喝酒不能多到脸色改变，笑不能露出齿龈，怒不能怒到发火骂人。等父母病愈了，才回复平时的状态。心中有忧虑的人特置一席而坐。守丧的人单独坐在专席上。

43. 凡为君使者，已受命，君言不宿于家。君言至，则主人出拜君言之辱。使者归，则必拜送于门外。若使人于君所，则必朝服而命之。使者反，则必下堂而受命。

【译文】

凡被委任为国君的使者，既已接受君命，应尽快奉命行事，不能还带着君命住在家里。君命到达时，主人要出门拜谢使者，说委屈使者屈尊前来传命。使者要回去时，主人一定要送到大门外拜谢致礼。如果要派人到国君处，就一定要穿着正式的朝服委任使者。使者返回时，也一定要下堂听取使者带回的君命。

44. 博闻强识而让，敦善行而不怠，谓之君子。君子不尽人之欢，不竭人之忠，以全交也。

【译文】

见闻广博、记忆力强而谦让，一贯坚持做好事而不懈怠，这样的人就称之为君子。君子不强求别人全心全意的喜欢，也不强求别人尽心竭力的忠诚，这样才能使交情得以保全。

45. 礼曰："君子抱孙不抱子①。"此言孙可以为王父尸，子不可以为父尸。为君尸者，大夫士见之，则下之。君知所以为尸者，则自下之。尸必式②，乘必以几。

【注释】

①君子抱孙不抱子：古代祭祀礼仪要用尸充当祭祀的
　　对象，尸一般要以孙辈的男孩子担当，如果孙子年
　　纪幼小，可以由成人抱着孙子为尸，但不得抱年幼
　　的子为尸。
②式：通"轼"。古代车厢前有供站立乘车人扶持凭
　　靠的横木，此处表示乘车人伏轼致敬行礼。

【译文】

礼书上说："君子抱孙不抱子。"这是说孙子可以在祭
祀时充当代表祖父的尸，儿子则不可以充当父亲的尸。作
为国君的尸，大夫、士见到了，就要下车致敬。国君知道
充当先君之尸的人，要亲自下车致敬。尸在车上必须凭轼
行答谢之礼，尸登车时必须用几做踏脚。

46. 齐者不乐不吊。

【译文】

斋戒中的人为求心诚志专，不聆听音乐，也不吊唁
丧家。

47. 居丧之礼，毁瘠不形，视听不衰。升降
不由阼阶①，出入不当门隧。居丧之礼，头有创则
沐，身有疡则浴，有疾则饮酒食肉，疾止复初。不

胜丧，乃比于不慈不孝。五十不致毁。六十不毁。七十唯衰麻在身，饮酒食肉，处于内②。

【注释】

①阼阶：堂前东阶，本是主人上下堂所行，居丧时升降不由东阶，因为这是父亲过去所走的台阶，追忆思念，所以就不忍心从阼阶上下了。

②处于内：据丧礼，孝子为父母守丧时，不得住在室内，要在门外临时搭建的"倚庐"中。

【译文】

守丧之礼，要节制哀伤，不要消瘦到变形，视力、听力不要因此衰减。上下堂时不走东边的阼阶，出入时不走大门正中的道路。守丧之礼，头部有了疮才洗头，身体发痒才洗澡，有疾病了才能够喝酒吃肉，等病愈后再回到当初守丧时的状态。如果不能承受丧事的悲痛而身体崩溃，就等于是不慈不孝。五十岁守丧不要因悲痛而过度伤身。六十岁守丧，不能伤身。七十岁守丧，只要穿着丧服，可照常饮酒吃肉，并住在屋里。

48. 生，与来日；死，与往日①。

【注释】

①与：数，计算。据郑注，"生"指生者服丧日期，"来日"指人死后第二天。"死"指死者殡殓日期，"往日"指人死当天。

生者服丧，要从死者去世的第二天算起；死者的殡殓日期，要从死者去世的当天算起。

49. 知生者吊^①，知死者伤^②。知生而不知死，吊而不伤。知死而不知生，伤而不吊。

【注释】

①吊：慰问辞。

②伤：悼念辞。

【译文】

认识死者家属的，就向家属致辞慰问；认识死者的，就为死者致辞悼念。只与死者家属相识而不认识死者的，只向家属致辞慰问而不对死者致辞悼念；只与死者相识而不认识家属的，只对死者致辞悼念而不向家属致辞慰问。

50. 吊丧弗能赙^①，不问其所费。问疾弗能遗^②，不问其所欲。见人弗能馆，不问其所舍。赐人者不曰来取，与人者不问其所欲。适墓不登垄。助葬必执绋^③。临丧不笑。揖人必违其位。望柩不歌。入临不翔。当食不叹。邻有丧，舂不相^④；里有殡，不巷歌。适墓不歌。哭日不歌^⑤。送丧不由径，送葬不辟涂潦^⑥。临丧则必有哀色。执绋不笑，临乐不叹。介胄，则有不可犯之色。故君子戒慎，不失色于人。国君抚式^⑦，大夫下之；大夫抚式，士下之。

【注释】

①赙（fù）：送财物给丧家助办丧事。

②遗（wèi）：馈赠。

③绋（fú）：牵引棺枢车往墓穴的绳索。

④相：春米打杵时唱歌助兴。

⑤哭日：指吊唁死者的日子。

⑥潦（lǎo）：雨后积水。

⑦式：通"轼"，参本篇45节注②。

【译文】

吊丧时，若不能用财物帮助丧家办丧事，就不要问丧家花费多少。探望病人，若不能馈赠礼物，就不要问病人需要什么。看到旅人，若不能为人家安排住宿，就不要问人家住在何处。送人东西，不能说"你来拿"；送人东西，不要问人家想不想要。去墓地不要登上人家的坟头。参加葬礼一定要牵着引枢车的挽绳。参加丧礼不可面带笑容。对人作揖，一定要离开原位。望见运枢车，不要唱歌。参加丧礼，不可张开双臂迈步行走。面对食物不可叹气。邻家有丧事，春捣时不唱歌助春；同里有丧事，不在巷子里唱歌。到墓地去不唱歌。吊唁的日子不唱歌。送丧时不抄近道而走小路，送葬时不避积水的道路。参加丧礼，脸上一定要有哀戚的神情。挽着棺枢车的绳索时不要嘻笑，身在欢乐场合不要叹气。穿着铠甲、戴着头盔时，就要有凛然不可侵犯的庄严神色。所以君子要小心谨慎，不在人前失态。国君若行凭轼之礼，大夫就要下车示敬；大夫若行凭轼之礼，士就要下车示敬。

51. 礼不下庶人，刑不上大夫。刑人不在君侧。

【译文】

礼，不为下等的庶民定规矩；刑，不为上等的大夫定条法。受过肉刑处罚的人，不得呆在国君左右。

52. 兵车不式^①。武车绥旌^②，德车结旌^③。

【注释】

①式：通"轼"。

②武车：即兵车，车上用兵器装饰。绥：垂舒貌。

③德车：非军用之车，指"玉路（辂）"、"金路（辂）"、"象路（辂）"、"木路（辂）"等分别以玉饰、金饰、象牙饰及漆木制的车子，与用兵器装饰的"武车"对言。

【译文】

在兵车上，不行轼礼。武车上的旌旗要任其舒展，德车上的旌旗则要收束起来。

53. 史载笔，士载言^①。

【注释】

①史载笔，士载言：这是指国君与诸侯举行会同时，史、士随同前往。史，即史官，负责记录君事。士，即司盟之士，负责盟会事务。

【译文】

史官带着书写工具，士带着会盟资料。

54. 前有水，则载青旌①。前有尘埃，则载鸣鸢②。前有车骑，则载飞鸿③。前有士师，则载虎皮。前有挚兽④，则载貔貅⑤。行⑥，前朱鸟而后玄武，左青龙而右白虎，招摇在上⑦，急缮其怒⑧。进退有度，左右有局，各司其局。

【注释】

①载：指在车上竖起旗帜为后面的队伍报告前方道路上的情况，以使后队警备。青：青雀，一种水鸟。

②鸢（yuān）：老鹰。据说，鸢鸣则风生，风生则尘埃起，因此前有尘埃，则载画有鸣鸢的旌旗。

③鸿：大雁。

④挚：通"鸷"，凶猛狠戾。

⑤貔貅（píxiū）：古代猛兽名。

⑥行：行军。此下几句说行军之法。古人行军作战迷信天文星象，这里是说行军时应前方为朱鸟（又名朱雀），后方为玄武（龟），左方为青龙，右方为白虎。朱鸟、玄武、青龙、白虎为二十八宿之南、北、东、西四方的星宿。或说朱鸟、玄武、青龙、白虎为四方军阵，要分别使用绘四兽之旗。

⑦招摇：北斗七星中位于勺端的一星，此处指北斗星。这是说北斗星应在行军队伍的上方。或说军阵上方

要高举绘有北斗的旌旗。

⑧急：坚挺。缕：强劲。怒：指士气高昂。

【译文】

行军时，前方若有水，前导车就挂起画有青雀的旗帜。前方若有尘土，就挂起画有鸣鸢的旗帜。前方若有车马，就挂起画有飞雁的旗帜。前方若有军队，就挂起老虎皮。前方若有猛兽，就挂起貔貅皮。行军时，前应南方朱鸟七宿，后应北方玄武七宿，左应东方青龙七宿，右应西方白虎七宿，上方是北斗七星，令兵将士气高昂威猛强健。进退有节度，左右有布局，将士各司其职。

55. 父之仇①，弗与共戴天；兄弟之仇，不反兵②；交游之仇，不同国。

【注释】

①父之仇：据旧注，特指杀父之仇。下文"兄弟之仇"、"交游之仇"也特指杀害兄弟与朋友的仇家。

②不反兵：谓随身携带武器，遇仇人即可杀之，不必返家拿武器。反，同"返"。兵，指武器。

【译文】

杀害父亲的仇人，不能与他共处于同一天地间；杀害兄弟的仇人，要随时携带兵器以备报仇；杀害朋友的仇人，不与他共处于同一国家。

56. 四郊多垒①，此卿大夫之辱也。地广大，荒而不治，此亦士之辱也。

【注释】

①多垒：由于常受敌寇侵伐，因此多军垒。垒，军事壁垒。

【译文】

国都四郊有很多堡垒，说明常受侵略，国家孱弱，这是卿大夫的耻辱。国土虽然广大，却荒废而没有得到开发，这也是管理乡邑的士的耻辱。

57. 临祭不惰。祭服敝则焚之，祭器敝则埋之，龟筴敝则埋之①，牲死则埋之。凡祭于公者②，必自彻其俎③。

【注释】

①筴（cè）：同"策"，指占筮用的蓍草。古代卜筮，卜用龟甲，筮用蓍草。

②祭于公者：指士带着祭品到宗庙去助国君祭祀。

③俎（zǔ）：祭祀或宴会时盛放牲肉的礼器。

【译文】

参加祭祀时，不可惰怠。祭服穿坏了就烧掉，祭器用坏了就埋掉，卜筮用的龟甲、蓍草坏了就埋掉，祭祀用的牲畜死了就埋掉。凡拿着祭品到国君的宗庙去助祭，祭后一定要自行撤除祭品牲俎。

58. 卒哭乃讳①。礼：不讳嫌名②。二名不遍讳。逮事父母，则讳王父母。不逮事父母，则不讳王父母。君所无私讳，大夫之所有公讳。《诗》、《书》不讳，临文不讳，庙中不讳。夫人之讳，虽质君之前③，臣不讳也。妇讳不出门。大功、小功不讳④。入竟而问禁⑤，入国而问俗，入门而问讳。

【注释】

①卒哭：丧礼的祭名之一，在死者安葬后的"三虞"之祭后举行。丧礼规定，孝子丧亲因哀痛朝夕之间随时都会哭起来，从此祭起不再随时号哭，只在早晚哭。讳：避讳。古人对活着的人是不避名讳的，人死后在卒哭祭前仍按生者对待，卒哭祭后神灵迁庙，要以神鬼事之，故卒哭祭后要避讳。

②嫌名：指声音相近的名，如禹与雨、丘与区。

③质：对。

④大功：丧服五服之一，着布衰裳、牡麻绖、冠布缨、布带、绳屦，服丧期九个月，适用于堂兄弟、已嫁的姑母、姊妹、女儿，未嫁的堂姊妹及孙女，嫡长孙之外的众孙等，此外已嫁女为兄弟，已嫁未嫁之女为伯叔父母、姑母等也服大功之服。小功：丧服五服之一，着布衰裳、澡麻带、绖、冠布缨、布屦无绚，服丧期五个月，适用于为伯叔祖父母、堂伯叔祖父母、堂伯叔祖兄弟、未嫁堂祖姑姐妹，已嫁堂姊妹及孙女等，此外，妻为妯娌、夫之姑母等，

也服小功。

⑤竟：通"境"。

【译文】

　　丧礼举行过卒哭祭礼之后才避说死者的名讳。按礼仪规定：不避讳同音的名字。二字的名不必同时都避讳。得以侍奉父母的，就要避称祖父母之名。没能赶得及侍奉父母的，就不必避称祖父母之名。为了表示尊君，在国君跟前不避个人的家讳，在大夫跟前则要避国君之名讳。诵读《诗》、《书》时不必避讳，写文章时不必避讳，在宗庙中祝告时不必避讳。国君夫人的家讳，臣子虽然当着国君的面也不必避讳。妇人之名只在宫门内避讳。服大功、小功之丧的人可以不避死者的名讳。进入别国国境要问清当地的禁忌，到了别国要问明当地的风俗，到了别人家要问问人家有什么忌讳。

　　59. 外事以刚日①，内事以柔日②。凡卜筮日，旬之外曰"远某日"，旬之内曰"近某日"。丧事先远日，吉事先近日③。曰："为日，假尔泰龟有常④。""假尔泰筮有常。"卜筮不过三。卜筮不相袭⑤。

【注释】

①外事：指郊外之事，如用兵、郊祭、田猎等事。刚日：古代以十天干记日，十日中有五奇五偶，奇数日为刚日。

②内事：指郊内之事，如宗庙祭祀之事等。柔日：参

上注，偶数日为柔日。

③吉事：如祭祀、冠礼、婚礼等。

④泰：大。

⑤卜筮不相袭：不能反复多次使用龟卜、蓍草占问，这样做有亵渎神明之嫌。郑注说："卜不吉则又筮，筮不吉则又卜，是渎龟筮也。"

【译文】

外事要在奇数日进行，内事要在偶数日进行。凡以卜筮来选定日期，若在一旬之外的某天就称为"远某日"，若在一旬之内的某天就称为"近某日"。办丧事要先卜问远日，办吉事要先卜问近日。卜筮时要说："为选择良辰吉日，要藉你这恒常灵验的大龟来占卜。"或说："要藉由你这恒常灵验的大蓍来占卜。"无论以龟甲占卜或以蓍草占问，都不能超过三次。占问同一件事，卜与筮不能交替反复使用。

60. 龟为卜，筴为筮。卜筮者，先圣王之所以使民信时日、敬鬼神、畏法令也；所以使民决嫌疑、定犹与也①。故曰："疑而筮之，则弗非也；日而行事，则必践之②。"

【注释】

①犹与：犹豫，游疑。

②践：善。

【译文】

以龟甲占问叫作卜，以蓍草占问叫作筮。卜与筮，是前代圣王用来使人民信服所选定的日期、崇敬所祭祀的鬼神、畏惧所制定的法令的；用来让人民判断嫌疑、确定犹豫不决的事情的。因此说："有疑问而卜筮，则不会再有非议；依选定时日而行事，就会有好结果。"

61. 客车不入大门。妇人不立乘。犬马不上于堂。

【译文】

客人的车不驶入主人家的大门。妇人乘车时不站立。赠人犬马时不牵到堂上。

62. 故君子式黄发①，下卿位②，入国不驰，入里必式。君命召，虽贱人，大夫士必自御之③。介者不拜，为其拜而蓌拜④。祥车旷左⑤。乘君之乘车不敢旷左⑥，左必式⑦。仆御妇人，则进左手，后右手。御国君，则进右手，后左手而俯。国君不乘奇车⑧。车上不广欬⑨，不妄指。立视五巂⑩，式视马尾，顾不过毂⑪。国中以策彗恤勿驱⑫。尘不出轨。国君下齐牛，式宗庙⑬。大夫士下公门，式路马⑭。乘路马，必朝服载鞭策，不敢授绥，左必式。步路马，必中道。以足蹙路马刍，有诛。齿路马，有诛。

【注释】

①君子：指国君。式：通"轼"，参本篇45节注②。黄

发：高龄老人。古人说，初老为白发，太老为黄发。

②卿位：卿的朝位。

③御：迎也。

④蓌（cuò）：挫，指行拜礼时失态。因身着铠甲时，铠甲坚硬笨重妨碍行礼，一定要行拜礼反而会失去常态，仪容不雅，显得没礼貌。

⑤祥车：死者平时所乘车子，下葬时作为随葬品，称为魂车。旷左：御者坐在右边，而把左边的位子空出来，供死者的神魂乘坐。

⑥乘君之乘车不敢旷左：君王有五路（辂），出行时君王自乘一辆，其余四辆都供给随行大臣乘坐，大臣乘坐这种车不敢把左边的座位空出来，因为祥车才旷左，而今君王健在，所以不敢旷左。

⑦左必式：大臣乘坐君王的乘车，不能不处车左，但又不敢安然居于尊位，因此虽居于车左，却必须凭轼为礼。式，通"轼"。

⑧奇（jī）车：奇邪不正之车。

⑨广：大。欬（kài）：同"咳"。

⑩巂（guī）：规，指一轮转一圈的长度。据旧注，五巂约九十九尺，约合今23米左右。

⑪毂：车轮中心部位，外接车辐内受车轴。

⑫策彗：带叶的竹帚。恤勿驱：不用鞭策抽打马匹，而是轻轻地搔摩马匹，不让它奔跑。

⑬下齐牛，式宗庙：此句据《周礼·夏官·司马》郑玄注引《曲礼》当作"下宗庙，式齐牛"。齐：通

"斋"。

⑭路马：专驾国君车乘的马。

【译文】

所以国君乘车遇到老年人就要凭轼行礼，经过卿的朝位时要下车，进入国都时不快马奔驰，进入里巷要凭轼致敬。若国君传命召唤，即使是地位低贱的人，大夫、士也要亲自迎接。穿着铠甲的人不行跪拜礼，因为穿着笨重的铠甲行礼会因举止不便、动作失调显得失礼。随葬的祥车要把左边的座位空下。臣子乘国君的车不敢将左位空着，在车子左位就一定要俯身凭轼以表示谦逊不敢自大。驭手为妇人驾车，驭手坐在中央，妇人在左，为避嫌起见，驭手左手在前操控缰绳，右手在后，稍侧身背对妇人。为国君驾车，驭手居中，右手在前，左手在后，并稍微俯身以示敬意。国君不乘奇邪不正的车。在车上不大声咳嗽，不随便指画以免让人疑惑。站着乘车，向前看时只能看轮转五周的距离；凭轼示敬时，眼光要落在马尾上；回头看时，眼光不得超过车轴两端。在国都之中行车，用竹帚搔摩马身，不让马奔驰。尘土不自车辙中飞扬出来。国君行经宗庙要下车，见到祭祀用的牛牲要凭轼行礼。大夫、士经过国君宫门，一定要下车；遇上国君专用的马，要凭轼行礼。乘坐国君专用的马车，一定要穿着朝服，马鞭只能放在车上不能使用，不敢让驾车者向自己递送登车挽绳，在车子左边的位置时一定要俯身凭轼表示谦逊。牵着国君的马行走，一定要走道路的中间。以脚践踏路马所需的草料，要受罚。掰开马口以探看路马的年纪，要受罚。

曲礼下

关于"曲礼"的内容，请参见上篇"题解"。
本篇《曲礼下第二》，选释 31 小节。

1. 君使士射，不能，则辞以疾，言曰："某有负薪之忧①。"

【注释】

①负薪：背柴。这是一种委婉的说法。

【译文】

国君让士参加射箭，士如果不会射，就以自己有病来推托，说："我有背柴落下的伤病。"

2. 侍于君子，不顾望而对，非礼也。

【译文】

陪在君子身边，君子发问时，不先四下里看看有没有胜过自己的人而贸然张口就答，这是不合礼仪的。

3. 君子已孤不更名，已孤暴贵，不为父作谥。

【译文】

君子在父亲去世之后就不再更改名字，父亲去世后即使自己猛然发达显贵了，也不为亡父再拟定谥号。

4. 居丧未葬，读丧礼①；既葬读祭礼②；丧复常，读乐章。居丧不言乐，祭事不言凶，公庭不言妇女。

【注释】

①丧礼：指人死后、下葬前各种有关的丧礼，如朝夕奠哭、殡葬等。

②祭礼：指下葬后、除服前各种有关的祭礼，如虞、卒哭、祔、小祥、大祥等。

【译文】

守丧，未下葬时，要研读有关丧礼的内容；下葬后，要研读有关祭礼的内容；除丧服恢复日常生活后，才研读诗歌乐章。守丧时不谈诗乐之事，祭祀时不谈凶事，办理公务的场所不谈妇女之事。

5.公事不私议。

【译文】

公事不在私下议论商量。

6.君子将营宫室。宗庙为先，厩库为次，居室为后。凡家造①，祭器为先，牺赋为次②，养器为后③。无田禄者不设祭器，有田禄者先为祭服④。君子虽贫，不粥祭器⑤；虽寒，不衣祭服。为宫室，不斩于丘木⑥。

【注释】

①家造：谓大夫置办家中各种器物与用品。家，大夫称家。

②牺赋：大夫有采地，可向人民征收祭祀用的牺牲作
　为赋税。

③养器：指供养生活的实用器具。

④先为祭服：先制作祭服。之所以不先为祭器而先为
　祭服的缘故，据郑注，乃因祭器尚可借用，而祭服
　是自身所穿，应该自己拥有才是。

⑤粥（yù）：同"鬻"，卖。

⑥丘：坟丘。

【译文】

　　君子即将营造宫室时，首先建造宗庙，其次是马厩仓
库，最后才是生活起居之室。凡大夫之家制作器物用具，
首先作祭祀用器，其次征收祭祀用牲，最后才是制造生活
用具。没有田地俸禄收入的人不置办祭器，有田地俸禄收
入的人要先制作祭服。君子即使贫穷，也不卖祭器；即使
寒冷，也不穿祭服。建造宫室，不砍伐坟地的树木。

　　7. 大夫、士去国，祭器不逾竟①。大夫寓祭器
于大夫②，士寓祭器于士。大夫去国，逾竟，为坛
位，乡国而哭，素衣，素裳，素冠，彻缘③，鞮屦④，
素篾⑤，乘髦马，不蚤鬋⑥，不祭食，不说人以无罪⑦，
妇人不当御⑧，三月而复服。

【注释】

①竟：通"境"。

②寓祭器：寄放祭器。孙希旦《礼记集解》认为离开

家国的大夫、士必须寄放祭器，原因有三：一是别人可用；二是使祭器得保存而不致朽坏；三是自己返回家国时可取回再用。

③彻缘：除去衣服的彩边。祭服或朝服内的中衣（里衣），或饰有彩边。这里讲的是出亡，是凶事，因此去除彩缘而穿纯素。

④鞮（dī）屦：指鞋面没有配件与装饰的草鞋。

⑤素幎（mì）：用白狗皮制成的车轼上的覆盖物。素，指白狗皮。幎，车轼上的覆盖物。

⑥蚤：通"爪"，指手脚的指甲。鬋（jiǎn）：同"剪"，剔去须发。

⑦不说人以无罪：不向人诉说自己无罪。据孔疏，这是说大夫、士所以会离开家国，是因再三劝谏国君而不被采纳（参本篇 20 节），若在异国向他人辩解说自己无罪，则有归咎国君之嫌。

⑧御：同房，行房。

【译文】

大夫、士离国，自家的祭器不可带着出境。大夫将祭器寄存在大夫家，士将祭器寄存在士家。大夫离国，越过边境，设置祭坛，面向祖国而哭，穿戴素色的上衣、下裳、帽子，除去中衣的彩色镶边，穿着没有装饰的草鞋，所乘之车的车轼上覆盖白狗皮，乘坐不剔鬃毛的马，不剪手脚指甲、不剔须发，饮食前不行祭食礼，不向人辩解说自己无罪，不与妇人行房，三个月之后才恢复正常生活。

8. 国君春田不围泽，大夫不掩群，士不取麛卵①。

【注释】

①麛（mí）：幼鹿。卵：鸟蛋。

【译文】

春天，国君打猎不合围动物生长的湖泽山林，大夫打猎不包围成群的野兽，士不捕捉幼鹿、不到鸟巢掏鸟蛋。

9. 岁凶，年谷不登①，君膳不祭肺②，马不食谷，驰道不除③，祭事不具④。大夫不食粱，士饮酒不乐。

【注释】

①登：成也。

②祭肺：据郑注，古人用牺牲进行食前礼，殷人用肝，周人用肺。这里说"不祭肺"，指不杀牲。

③驰道：国君驰走车马的专用道路。除：修治，维护。

④县（xuán）：同"悬"，指乐悬，悬挂钟、磬等乐器。

【译文】

遭逢水旱灾害的年岁，禾谷歉收，国君用餐时不杀牲取肺做祭奠，马匹不吃谷物，驰道不加以修治，举办祭祀活动不用钟、磬等乐器伴奏。大夫不吃稻粱米饭，士宴会饮酒不奏乐。

10. 君无故玉不去身。大夫无故不彻县。士无故不彻琴瑟。

【译文】

国君没有特别原因时，不让佩玉离身。大夫没有特别原因时，不撤除家中悬挂的钟磬。士没有特别原因时，不撤除屋内摆设的琴瑟。

11. 国君死社稷，大夫死众①，士死制②。

【注释】

①众：指大夫所统率的国君的军队。

②制：指士所遵行的国君所定的教令与法制。

【译文】

国君为社稷而死，大夫为率众统军而死，士为遵行国君的教令而死。

12. 君天下，曰天子。朝诸侯、分职、授政、任功，曰予一人。践阼①，临祭祀，内事曰孝王某，外事曰嗣王某②。临诸侯，畛于鬼神③，曰有天王某甫④。崩，曰天王崩。复⑤，曰天子复矣。告丧，曰天王登假⑥。措之庙⑦，立之主，曰帝。天子未除丧，曰予小子。生名之，死亦名之⑧。

【注释】

①践阼：登上阼阶，以就天子之位。阼，堂前东阶，一般是主人所走。天子为天下之主，升堂当然走阼阶。参《曲礼上》47节注①。

②内事、外事：参《曲礼上》59节注①、②。某：代称天子之名。

③畛（zhěn）：致，这里是说对鬼神致告辞。

④甫：通"父"，古代男子的美称。

⑤复：人始死时，招唤死者魂魄回到躯体的礼仪。

⑥登假（xiá）：犹升天。假，通"遐"，遥远。

⑦措之庙：据丧礼，天子下葬后，卒哭礼毕，将神主安置于宗庙。措，安置。

⑧生名之，死亦名之：据郑注，守丧期间，嗣王无论生死，都称为"小子王某"。某，即嗣王的名。

【译文】

君临天下的，称为天子。天子朝会诸侯、分派职务、授予政事、委任工作时，自称予一人。天子上阼阶登王位，主持祭祀，若是宗庙祭祖就称为孝王某，若是郊祀天地神祇就称为嗣王某。天子视察诸侯国，向当地鬼神致祭祝告时，称有天王某甫。天子去世，称天王崩。为天子招魂，称天子复矣。为天子发讣告，称天王登遐。安置天子灵位于宗庙，为他树立木主，称帝。继位天子守丧而尚未除丧时，称予小子。继位天子守丧时，称为小子王某；守丧期间死亡，也称为小子王某。

13. 天子有后，有夫人，有世妇，有嫔^①，有妻，有妾。

【注释】

①嫔（pín）：帝王侍妾。

【译文】

天子内宫有后，有夫人，有世妇，有嫔，有妻，有妾。

14. 天子建天官^①，先六大^②，曰大宰、大宗、大史、大祝、大士、大卜，典司六典。天子之五官，曰司徒、司马、司空、司士、司寇，典司五众。天子之六府^③，曰司土、司木、司水、司草、司器、司货，典司六职。天子之六工，曰土工、金工、石工、木工、兽工、草工，典制六材。

【注释】

①天官：郑注说，此盖殷时制也。孙希旦《礼记集解》引吕大临说，谓殷人尊神，率民以事神，大宗以下，皆事鬼神、奉天时之官，故总谓之天官。周制则不同，以大宰为天官，大宗曰宗伯，与大史、大祝、大士、大卜等皆为春官。

②大（tài）：同"太"。下同。

③六府：主管收藏六种税赋物品的府库。

【译文】

天子建立天官，先设立六个太官，分别是太宰、太宗、太史、太祝、太士、太卜，掌管六种典章法制。天子设立的五官，分别是司徒、司马、司空、司士、司寇，掌管所属五类属吏。天子设立的六府，分别是司土、司木、司水、司草、司器、司货，掌管收藏六种税赋的职务。天子设立的六工，分别是土工、金工、石工、木工、兽工、草工，掌管六种材料及制作。

15. 五官致贡曰享。五官之长曰伯，是职方。其摈于天子也①，曰天子之吏。天子同姓谓之伯父，异姓谓之伯舅。自称于诸侯，曰天子之老，于外曰公，于其国曰君。九州之长入天子之国曰牧②。天子同姓谓之叔父，异姓谓之叔舅，于外曰侯，于其国曰君。其在东夷、北狄、西戎、南蛮，虽大曰子。于内自称曰不穀③，于外自称曰王老。庶方小侯④，入天子之国曰某人，于外曰子，自称曰孤。

【注释】

①摈（bìn）：或本作"傧"，天子身边负责上传下达、接待来宾及司掌礼仪的人。

②牧：据陈澔《礼记集说》，天下分为九州，天子在每州选择众诸侯的贤者一人，主管州内事务，因有牧养下民之义，所以称为"牧"。

③不穀：不善，谦称。穀，善。

④庶：众。

【译文】

　　公、侯、伯、子、男五官向天子报告功绩、进贡献纳叫作享。五官之长叫作伯，执掌一方的事务。他担任天子傧相时，自称为天子之吏。伯若与天子同姓，天子就称之为伯父，异姓就称之为伯舅。伯对其他诸侯自称天子之老，在封国之外称公，在封国之内称君。九州的首领进入王畿内，称为牧。牧若与天子同姓，天子就称之为叔父，异姓就称之为叔舅，在封国之外称侯，在封国之内称君。那些东夷、北狄、西戎、南蛮的首领，领土虽大，仍称为子。这些子在国内自称不毂，在国外自称王老。其他各方众多小侯，进入天子畿内自称为某人，在国外称子，自称孤。

　　16. 天子当依而立①，诸侯北面而见天子曰觐②。天子当宁而立③，诸公东面，诸侯西面，曰朝④。

【注释】

①依：或作"扆"（yǐ），屏风。通常设置在户牖之间，绘有斧文，故又名斧依（扆）。

②觐：诸侯在秋季朝见天子称作觐。

③当宁（zhù）而立：据孔疏，天子在路门外正对屏风的地方站立，等候诸侯来朝见。宁，门与屏风之间，是天子、诸侯国君视朝之处。

④朝：朝见天子之礼，这里说的是行朝礼时天子、诸公、诸侯各自的位置。

【译文】

天子南向，站在斧依前，诸侯朝北面见天子叫作觐。天子站在宁的地方，诸公站在天子西边面朝东，诸侯站在天子东边面朝西，叫作朝。

17. 诸侯未及期相见曰遇，相见于郤地曰会^①。诸侯使大夫问于诸侯曰聘，约信曰誓，莅牲曰盟^②。

【注释】

①郤（xì）地：指两国交界处。郤，通"隙"。
②莅牲：结盟者杀牲，取牲血涂口以示诚信，即歃（shà）血为盟。

【译文】

诸侯在非约定之时相见叫作"遇"，在约定之时相见于两国交界之间叫作"会"。诸侯派遣大夫访问其他诸侯叫作"聘"，相约彼此信守某些条约叫作"誓"，杀牲歃血保证承诺叫作"盟"。

18. 诸侯见天子曰臣某侯某^①，其与民言自称曰寡人。其在凶服，曰適子孤^②。临祭祀，内事曰孝子某侯某，外事曰曾孙某侯某。死曰薨，复曰某甫复矣。既葬，见天子曰类见^③。言谥曰类^④。诸侯使人使于诸侯，使者自称曰寡君之老。

【注释】

①臣某侯某：诸侯向天子的自称，前"某"代称国名，后"某"代称诸侯名。下同。

②适（dí）：同"嫡"。依孔疏，此记文不足，孤后应有某字，代称名。

③类见：依孔疏，守丧之继位诸侯必须三年除丧后方能面见天子，受命袭爵，在守丧期间若谒见天子，则不敢执正式之礼，只能是类似诸侯谒见天子之礼，因此称为"类见"。

④类：谥号反映当事人的生平德行，故曰类。

【译文】

诸侯拜见天子时称臣某侯某，诸侯与臣民对话时自称寡人。诸侯在服丧期间称嫡子孤某。诸侯主持祭祀，宗庙祭祀自称孝子某侯某，郊祭天地神祇时自称曾孙某侯某。诸侯死称薨，招魂时称某甫复矣。下葬后未除丧前，继位诸侯见天子称类见。向天子请赐谥号叫作类。诸侯派人出使于其他诸侯国，使者自称为寡君之老。

19. 天子之妃曰后，诸侯曰夫人，大夫曰孺人，士曰妇人，庶人曰妻。公侯有夫人，有世妇，有妻，有妾。夫人自称于天子曰老妇；自称于诸侯曰寡小君；自称于其君曰小童①。自世妇以下自称曰婢子。子于父母则自名也。列国之大夫，入天子之国曰某士；自称曰陪臣某。于外曰子，于其国曰寡君之老。使者自称曰某。

【注释】

①小童：这是一种谦称，说自己未成年，很无知。

【译文】

天子的配偶称后，诸侯的配偶称夫人，大夫的配偶称孺人，士的配偶称妇人，庶人的配偶称妻。公、侯都有夫人，有世妇，有妻，有妾。公侯的夫人对天子自称老妇；在其他诸侯前自称寡小君；在自己国君前自称小童。从世妇以下都自称婢子。子女向父母自称名。各诸侯国的大夫进入天子畿内时称某士；自称陪臣某。在他国被称为子，在本国被称为寡君之老。使者对他国自称某。

20. 为人臣之礼，不显谏，三谏而不听，则逃之。子之事亲也，三谏而不听，则号泣而随之。

【译文】

为人臣的礼，不明言国君的过错进行劝谏，若再三劝谏而君不听，就去职逃离他。儿子侍奉父亲，再三劝谏而父亲不听，号哭着跟随着他。

21. 君有疾，饮药，臣先尝之。亲有疾，饮药，子先尝之。医不三世，不服其药。

【译文】

国君有病，服药时，臣要先尝药。双亲有病，服药时，儿子要先尝药。行医假如不是前后相传三代，不敢服用他开出的药。

22. 天子祭天地，祭四方①，祭山川，祭五祀②，岁遍。诸侯方祀③，祭山川，祭五祀，岁遍。大夫祭五祀，岁遍。士祭其先。

【注释】

①祭四方：指以望祭形式在国都四郊祭祀四方、五岳、四镇（山）、四渎（河）等方位、山川之神。

②五祀：指在五个时段分别祭祀五种神，即春祭户、夏祭灶、季夏祭中霤、秋祭门、冬祭行。

③方祀：祭祀该国所在之方。据陈澔《礼记集说》，诸侯之国，各居一方，诸侯只能祭其国所居之方，不祭其他方位。

【译文】

天子祭天地之神，祭四方之神，祭山川之神，祭户、灶、中霤、门、行五神，一年之内祭遍。诸侯祭国家所在之方，祭山川之神，祭户、灶、中霤、门、行五神，一年之内祭遍。大夫祭户、灶、中霤、门、行五神，一年之内祭遍。士祭其祖先。

23. 凡祭，有其废之莫敢举也，有其举之莫敢废也。非其所祭而祭之，名曰淫祀①。淫祀无福。

【注释】

①淫：过度，过甚。

【译文】

凡祭祀，有已经废止的就不敢再举行，有已经举行的就不敢废止。不是自己所该祭的却去祭祀，就叫作淫祀。淫祀不会带来福佑。

24. 天子以牺牛，诸侯以肥牛^①，大夫以索牛^②，士以羊豕。

【注释】

①肥牛：指在屋内喂养三个月以上的牛。

②索牛：临时挑选求得的牛，有别于特地喂养的牛。

【译文】

天子祭祀用专门喂养的纯毛色牛，诸侯用特别喂养的肥牛，大夫用临时寻找挑选的牛，士用羊和猪。

25. 支子不祭^①，祭必告于宗子。

【注释】

①支子：指嫡长子以外的诸子，含嫡子与庶子。

【译文】

支子不主持宗庙祭祀，支子若有必要祭祀，要事先禀报嫡长子。

26. 凡祭宗庙之礼，牛曰一元大武^①，豕曰刚鬣^②，豚曰腯肥^③，羊曰柔毛^④，鸡曰翰音^⑤，犬曰羹献^⑥，雉曰疏趾^⑦，兔曰明视^⑧，脯曰尹祭^⑨，槁鱼曰商祭^⑩，鲜鱼曰脡祭^⑪，水曰清涤^⑫，酒曰清酌^⑬，黍曰芗合^⑭，粱曰芗萁^⑮，稷曰明粢^⑯，稻曰嘉蔬^⑰，韭曰丰本^⑱，盐曰咸鹾^⑲，玉曰嘉玉，币曰量币^⑳。

【注释】

①一元大武：依孔疏，牛若肥，则足迹大，故"一元大武"犹言一头肥牛。元，头。武，足迹。以下各种祭牲得名，孔疏多依其特征解释。

②刚鬣（liè）：猪肥大则毛鬣刚硬。

③腯（tú）：肥。

④柔毛：羊肥则毛细而柔弱。

⑤翰：长。鸡肥则其鸣声长。

⑥羹献：人将所吃剩的羹给犬，犬食之而肥，可以献祭于鬼神，故曰羹献。

⑦疏趾：雉肥则两足张开，足趾相距疏远。

⑧明视：兔肥则双目张开而目光清明。

⑨尹祭：指切割方正的干肉。尹，正。祭，古文字本象以手持肉进行祭祀。

⑩槁：干。商祭：用干鱼祭祀，要估量其燥湿程度。商，商量。

⑪脡（tǐng）祭：祭祀用鲜鱼，鱼熟则脡直，若是不鲜之鱼则会碎而不直。脡：直也。

⑫清涤：古代祭祀，以水代酒，又名玄酒，以其清澈洁净，故名清涤。

⑬清酌：指其清澈可斟酒而饮。

⑭芗（xiāng）合：黍味香而性黏，故曰香合。芗，通"香"。

⑮芗萁：粱气息香而茎高大。萁，茎。

⑯明粢（zī）：洁白的稷米。

⑰嘉：美。蔬：通"糈"，精米。《庄子·天道》"余疏"，《释文》引司马云："蔬读曰糈。"

⑱丰本：韭菜之美在根部。本，根。

⑲蹉（cuó）：郑注："大咸曰蹉。"

⑳量币：指帛的长短广狭合于制度。币，帛。

【译文】

　　凡祭祀宗庙所用的礼物，其称呼如下：牛称一元大武，猪称刚鬣，小猪称腯肥，羊称柔毛，鸡称翰音，犬称羹献，雉称疏趾，兔称明视，干肉称尹祭，干鱼称商祭，鲜鱼称脡祭，水称清涤，酒称清酌，黍称芗合，粱称芗萁，稷称明粢，稻称嘉蔬，韭称丰本，盐称咸蹉，玉称嘉玉，币称量币。

　　27. 天子死曰崩，诸侯死曰薨，大夫死曰卒，士曰不禄，庶人曰死。在床曰尸，在棺曰柩。羽鸟曰降，四足曰渍。死寇曰兵①。祭王父曰皇祖考，王母曰皇祖妣。父曰皇考，母曰皇妣，夫曰皇辟。生曰父、曰母、曰妻；死曰考、曰妣、曰嫔②。寿考曰卒，短折曰不禄。

【注释】

①死寇曰兵：指被寇贼所杀者，称为"兵"。

②嫔（pín）：据《周礼·天官·大宰》"嫔妇"郑玄注，嫔是妇人的美称，本为生称，此处特指已死妇女。

【译文】

天子死称崩，诸侯死称薨，大夫死称卒，士死称不禄，庶人死就称死。死者放在床上的称尸，放在棺内的称柩。飞鸟死称降，四足之兽死称渍。被敌寇杀死的称兵。祭祀祖父称皇祖考，祭祀祖母称皇祖妣。祭祀父亲称皇考，祭祀母亲称皇妣，祭祀丈夫称皇辟。在世时，称父、称母、称妻，死后称父为考、称母为妣、称妻为嫔。长寿而老死的称卒，短命夭折而死的称不禄。

28. 天子视不上于袷①，不下于带；国君绥视②；大夫衡视③；士视五步④。凡视，上于面则敖⑤，下于带则忧，倾则奸。

【注释】

①袷（jié）：衣领交迭的地方。

②绥（tuǒ）视：正常的视线为平视，绥视视线稍偏下，即在脸部与"袷"之间。绥，下垂，下落。

③衡视：看大夫时，可平视对方脸部，视线比看国君略高。衡，平。

④视五步：看士时，视线不只可以平视，还可以在五步范围之内移动。

⑤敖：同"傲"。

【译文】

面对天子，视线上不高于交迭着的衣领，下不低于腰带；面对国君，视线稍低于脸部以下；面对大夫，可以平视他的脸部；面对士，视线可以看在五步之内。但凡看人时，视线高于对方脸部的就显得傲慢，视线低于对方腰带的就显得忧郁，视线乜斜不正的就显得奸恶。

29. 君命，大夫与士肄①。在官言官②，在府言府③，在库言库④，在朝言朝。朝言不及犬马。辍朝而顾⑤，不有异事，必有异虑；故辍朝而顾，君子谓之固⑥。在朝言礼，问礼，对以礼。

【注释】

①肄（yì）：学习。

②官：放置图版文书的地方。

③府：宝藏财货的地方。

④库：收纳车马兵甲的地方。

⑤辍（chuò）：止。

⑥固：陋，失礼、无礼的意思。

【译文】

国君有命令时，大夫与士应该加以学习。在官衙就谈论官衙之事，在府仓就谈论府仓之事，在武库就谈论武库之事，在朝廷上就谈论朝政之事。在朝廷上说话，不涉及犬马逸乐等事。如果散朝后还回头张望，不是有其他异常的事情，就是有其他异常的念头；所以散朝后还回头张望的，君子把这种不合礼仪的行为叫作"固"。在朝廷上，一切都讲究礼，问话要合礼，对答也要合礼。

30. 大飨不问卜^①，不饶富^②。

【注释】

①大飨：郑注认为，这是一种祭祀五帝的典礼。孙希旦《礼记集解》说，这是指"王飨诸侯"，即天子宴请诸侯。

②富：备。

【译文】

举行"大飨"礼仪，不占问、不卜卦；礼数仪节不过度，周备就好。

31. 凡挚^①，天子鬯^②，诸侯圭，卿羔，大夫雁，士雉，庶人之挚匹^③。童子委挚而退^④。野外军中无挚，以缨、拾、矢，可也。妇人之挚，椇、榛、脯、脩、枣、栗^⑤。

【注释】

①挚：通"贽"，古代拜访时相赠的礼物。

②鬯（chàng）：祭祀用的酒，以黑黍所酿，气味

芬芳。

③匹：后多作"鸥"家鸭，古称鹜（wù）。

④童子委挚而退：据孔疏，童子之挚为束脩，因其不敢与成人行授受礼，所以把礼物放在地上而自行退避。

⑤椇（jǔ）：枳椇，一种树木，也指其果实，味甘可食。

【译文】

凡拜访相见时所赠的礼物，天子用鬯酒，诸侯用圭，卿用羔羊，大夫用雁，士用雉，庶人用家鸭。童子把见面礼放在地上就退避到一边去，不行授受之礼。野外军中没有可用的见面礼时，用马缨、射箭用的束袖臂套、箭也可以。妇人的见面礼是椇、榛、肉脯、长条干肉、枣子、栗子。

王　制

郑玄《礼记目录》云："名曰'王制'者，以其记先王班爵、授禄、祭祀、养老之法度。"

"王制"之题，取自篇首"王者之制禄爵"一句的浓缩。内容主要记载古代帝王治理天下的各种制度，任铭善《礼记目录后案》认为，这应该是因革损益虞、夏、商、周四代的制度所定，未必在当时实际执行过。关于制度的种类，郑玄《礼记目录》提出班爵、授禄、祭祀、养老四类；任铭善提出十类："兹篇所记者十事：班爵，禄田，任官，巡狩，朝聘，教学，养老，国用，丧祭，职方。"通观《王制》全篇，应以任氏分类较能涵括内容。

《王制》成作时代，历来有异说，如：东汉卢植以为汉文帝命博士诸生所作；郑玄以为在孟子之后；孔颖达以为在秦汉之际；廖平、康有为等以为是孔子遗书；任铭善认为是战国之末。目前尚无确切的定论。

本篇《王制第五》，选释45小节。

1. 王者之制禄爵，公侯伯子男，凡五等。诸侯之上大夫卿、下大夫、上士、中士、下士，凡五等。

【译文】

君王制定俸禄爵位，分为公、侯、伯、子、男，共五等。诸侯国的上大夫（即卿）、下大夫、上士、中士、下士，也是五等。

2. 天子之田方千里，公、侯田方百里，伯七十里，子、男五十里。不能五十里者，不合于天子①，附于诸侯，曰附庸②。天子之三公之田视公、侯③，天子之卿视伯，天子之大夫视子、男，天子之元士视附庸④。

【注释】

①不合：不朝会。《孟子·万章下》有类似记载："不能五十里，不达于天子，附于诸侯，曰附庸。"

②附庸：附属于诸侯国的小国。

③三公：天子的三位最重要的大臣，太师、太傅、太保。或说为司马、司徒、司空。

④元士：上士。

【译文】

天子的田有一千平方里，公爵侯爵的田有一百平方里，伯爵有七十平方里，子爵男爵有五十平方里。不足五十平方里的，不能朝会于天子，附属于诸侯国的，称附庸。天子的三公所占田地，比照公爵、侯爵，天子的卿比照伯爵，天子的大夫比照子爵、男爵，天子的元士比照附庸。

3. 制农田百亩，百亩之分，上农夫食九人①，其次食八人，其次食七人，其次食六人，下农夫食五人。庶人在官者②，其禄以是为差也。诸侯之下士视上农夫，禄足以代其耕也；中士倍下士，上士倍中士，下大夫倍上士；卿，四大夫禄。君，十卿禄。次国之卿，三大夫禄；君，十卿禄。小国之卿，倍大夫禄，君十卿禄。

【注释】

① 上农夫：耕种上等田的农夫，指所耕百亩之田肥沃而收获丰厚。食（sì）：供养，给人吃。

② 庶人在官者：指在官府服务的庶人，是由官吏自行选用的，因不是正式命官，仍是庶人身份，所以称为"庶人在官"。

【译文】

制度规定一个农夫受田百亩，田地又依肥瘠分级，百亩上等农田一个农夫可供养九人，其次可供养八人，再其次可供养七人，再其次可供养六人，下等农田一个农夫可供养五人。在官府服务的庶人，其俸禄也是依此为等差的。诸侯的下士比照上农夫，他们的俸禄足以替代他们务农耕田的收获；中士的俸禄比下士多一倍；上士比中士多一倍，下大夫比上士多一倍；卿的俸禄，四倍于大夫。国君的俸禄，十倍于卿。次一等诸侯国之卿的俸禄，三倍于大夫；国君的俸禄，十倍于卿。小国之卿的俸禄，比大夫多一倍；国君的俸禄，十倍于卿。

4. 凡四海之内九州，州方千里。州建百里之国三十，七十里之国六十，五十里之国百有二十，凡二百一十国。名山大泽不以封①。其余以为附庸、闲田②。八州③，州二百一十国。

【注释】

①名山大泽不以封：不分封名山大泽的缘故，孙希旦《礼记集解》认为有两个原因，一则恐受封者专擅财利而不与民同享，一则恐其据险阻而易于负固。

②附庸、闲田：指分封二百一十国之外的其余土地，若已分封给人，附属于大国，称为"附庸"；若没有分封给人，称为"闲田"。

③八州：这是九州中的八州，另外一州是天子直辖的王畿，制度不同，见下文。

【译文】

四海之内共有九州，每州一千平方里。其中八州，每州建立一百平方里的国家三十个，七十平方里的国家六十个，五十平方里的国家一百二十个，共计二百一十国。各州著名的山川湖泽不分封。分封后剩余的土地为附庸小国及闲田。这样的州有八个，每州有二百一十国。

5. 天子之县内，方百里之国九，七十里之国二十有一，五十里之国六十有三，凡九十三国。名山大泽不以朌^①。其余以禄士，以为间田。

【注释】

①朌（bān）：颁赐。

【译文】

天子所管辖的王畿之内，一百平方里的国家有九个，七十平方里的国家有二十一个，五十平方里的国家有六十三个，总计九十三国。王畿内的名山大泽不颁赐给臣属。分封剩下的土地作为士的俸禄田，或作为间田。

6. 凡九州，千七百七十三国，天子之元士、诸侯之附庸，不与。

【译文】

天下九州共有一千七百七十三国，天子元士的封地及诸侯的附庸，不计算在内。

7. 天子百里之内以共官^①，千里之内以为御。

【注释】

①共（gōng）：通"供"，供给。

【译文】

天子都城百里之内的赋税供王朝官员办公开销，千里之内的赋税则作为天子御用之膳食服饰车马开销。

8. 千里之外设方伯。五国以为属，属有长；十国以为连，连有帅；三十国以为卒，卒有正；二百一十国以为州，州有伯。八州八伯，五十六正，百六十八帅，三百三十六长。八伯各以其属属于天子之老二人①，分天下以为左右，曰二伯。

【注释】

①天子之老：指上公。又据《周礼·春官·典命》郑注，上公是特指天子之三公中有德者。

【译文】

王畿千里之外设置方伯。以五国为一属，每属设有一属长；十国为一连，每连设一帅；三十国为一卒，每卒设一正。二百一十国为州，每州设一伯。八州，有八个伯，五十六个正，一百六十八帅，三百三十六个长。八伯各以他们统领的部属归属于天子之老二人，将天下分为左右两部分，由二老掌管，称为二伯。

9. 千里之内曰甸。千里之外曰采、曰流①。

【注释】

①采：九州之内的地方。流：九州之外夷狄的居处。

【译文】

王畿千里之内称甸。王畿千里之外称采、称流。

10. 天子三公、九卿、二十七大夫、八十一
元士。

【译文】

天子的属官有三公、九卿、二十七大夫、八十一元士。

11. 大国三卿，皆命于天子，下大夫五人，上
士二十七人。次国三卿，二卿命于天子，一卿命于
其君，下大夫五人，上士二十七人。小国二卿，皆
命于其君，下大夫五人，上士二十七人。

【译文】

大诸侯国设三卿，都由天子任命，另设下大夫五人，
上士二十七人。次一等的诸侯国设三卿，其中二卿由天子
任命，一卿由国君任命，另设下大夫五人，上士二十七人。
小诸侯国设二卿，都由国君任命，另设下大夫五人，上士
二十七人。

12. 天子使其大夫为三监，监于方伯之国，国
三人。

【译文】

天子派所属大夫担任三监，监察各方伯之国，每国派
三人。

13. 凡官民材，必先论之^①，论辨然后使之^②，任事然后爵之，位定然后禄之。

【注释】

①论：考核其德行道艺。

②论辨：考校民材而后分别其高下。辨，辨别。

【译文】

凡从庶民中选拔人材任官，一定要先考核其才能德行，考定其才能高下后派任工作，胜任工作后确认官爵，官爵确认后授予俸禄。

14. 爵人于朝，与士共之。刑人于市，与众弃之。是故公家不畜刑人^①，大夫弗养，士遇之涂弗与言也^②。屏之四方^③，唯其所之，不及以政，亦弗故生也^④。

【注释】

①畜（xù）：养。与下文之"养"为互文。

②涂：同"途"。

③屏（bǐng）：摒弃。

④亦弗故生也：也不想他们活下去。王引之《经义述闻·礼记上》"亦弗故生也"条指出，据孔疏"非但不使，意在亦不欲使生"，《通典·刑四》引《大戴礼》作"不及以政，不欲生之故也"，《孔子家语·刑政》作"不及与政，弗欲生之也"等；可知

"故"字当为"欲"字之误。

【译文】

授人爵位要在朝廷上，让众官员共同参与。处决犯人要在市集上，表示与众人一起抛弃罪犯。所以公家不收养受过刑罚的人，大夫也不收养，士在路上遇到受过刑罚的人不跟他们说话。把受过刑罚的人流放到四方，随他们任意流浪，不让他们参与政务，就是不想让他们生存。

15. 诸侯之于天子也，比年一小聘^①，三年一大聘^②，五年一朝。

【注释】

①小聘：古代聘问之礼，诸侯派遣大夫朝见天子。
②大聘：古代聘问之礼，诸侯派遣卿朝见天子。

【译文】

诸侯对天子，每年派大夫去聘问一次，每三年派卿去聘问一次，每五年诸侯亲自去朝见一次。

16. 天子五年一巡守^①。岁二月，东巡守，至于岱宗^②，柴而望祀山川^③。觐诸侯^④，问百年者，就见之。命大师陈诗，以观民风。命市纳贾^⑤，以观民之所好恶，志淫好辟^⑥。命典礼考时月，定日，同律、礼、乐、制度、衣服，正之。山川神祇有不举者为不敬^⑦，不敬者君削以地；宗庙有不顺者为不孝^⑧，不孝者君绌以爵；变礼易乐者为不从，不从者君流；革制度衣服者为畔⑨，畔者君讨。有功德于民者，加地进律⑩。五月，南巡守，至于南岳，如东巡守之礼。八月，西巡守，至于西岳，如南巡守之礼。十有一月，北巡守，至于北岳，如西巡守之礼。归，假于祖祢⑪，用特⑫。

【注释】

①巡守（shòu）：天子巡视天下。

②岱宗：东岳泰山。

③柴：或本作"祡"，祭名。燔柴祭天以告。望祀山川：遥望山川的方向祭拜祷祠，而不在当地举行祭祀。

④觐：古代觐见之礼，诸侯朝见天子曰觐。

⑤市：掌管市场买卖的官吏。贾（jià）：通"价"，物价贵贱。

⑥辟：偏邪不正。

⑦举：祭。

⑧不顺：指宗庙昭穆排列不当或祭祝不依时序。

⑨畔：通"叛"。

⑩进律：犹晋爵。陈澔《礼记集说》引应氏："律者，爵命之等。"

⑪假（gé）于祖祢（nǐ）：到祖庙、祢庙告归。假，至也。祖，祖庙，指太祖、高祖、曾祖、祖父庙。祢，父庙。

⑫特：特牲，特选一头供祭之牛。

【译文】

　　天子每五年巡视天下一次。视察之年的二月出发，先巡视东方，到东岳泰山，举行柴祭上天之礼，并望祀当地的山川。接见东方各国诸侯，慰问当地百岁的老人，登门造访会见。命掌管音乐的太师进陈采集的诗歌民谣，以观察当地的风俗民情。命掌管市场买卖的官员汇报各种物价，以观察人民的好恶，如果民心不正，则人民所喜好的物品也会偏邪不正。命令掌管礼俗的官员考正四时、月份，排定日历，统一法律、礼仪、乐律、制度、衣服，有不符原则的都加以订正。对当地山川神祇有不祭祀的就是不敬，有不敬者则国君就要削减封地；对宗庙有不顺的就是不孝，有不孝者则国君就要贬削爵位；擅改礼乐制度的就是不从，有不从者则国君就要遭到流放；任意改革制度和衣服的就是叛逆，有叛逆者则国君要加以讨伐。对人民有功德的国君，要加封土地或晋升爵位。五月，巡视南方，到南岳衡山，如同巡视东方的礼节。八月，巡视西方，到西岳华山，如同巡视南方的礼节。十一月，巡视北方，到北岳恒山，如同巡视西方的礼节。天子巡视后回到京畿，要到祖庙、祢庙禀报巡视归来，用特牲一牛进行祭祀。

　　17. 天子将出，类乎上帝，宜乎社，造乎祢①。诸侯将出，宜乎社，造乎祢。

【注释】

　　①类、宜、造：据郑注，三者都是祭名，具体的礼典、

仪式已不可考。

【译文】

天子将外出，要类祭上帝，宜祭社稷，造祭祢庙。诸侯将外出，要宜祭社稷，造祭祢庙。

18. 天子无事与诸侯相见曰朝①。考礼，正刑，一德，以尊于天子。天子赐诸侯乐，则以柷将之②；赐伯、子、男乐，则以鼗将之③。诸侯，赐弓矢然后征，赐铁钺然后杀④，赐圭瓒然后为鬯⑤。未赐圭瓒，则资鬯于天子。

【注释】

①无事：指没有战争死丧之事。

②柷（zhù）：一种木制打击乐器，形如方漆桶，其中有椎，以椎击底有声，奏乐前先击之，用以节制音乐。将：持。据郑注，指送人礼物，只授以物之小者作为代表。

③鼗（táo）：长柄小鼓，两旁有耳坠，状似今之拨浪鼓，在乐曲结束时摇以止乐。

④铁：同"斧"。

⑤圭瓒（zàn）：灌酒器，一种柄似玉圭的勺子，用以盛酒祭祀。鬯（chàng）：祭祀用的酒，以黑黍所酿，气味芬芳。

【译文】

天子在平常情况下与诸侯相见称为朝。会朝时，考订礼仪，订正刑法，统一道德规范，使各诸侯都尊崇天子。天子赐给诸侯（公爵、侯爵）乐器，以柷作为代表物；赐给伯爵、子爵、男爵乐器，以鼗作为代表物。诸侯，由天子赏赐弓矢之后，才有出征的权力；由天子赏赐斧钺之后，才有诛杀的权力；由天子赏赐圭瓒之后，才有自行酿鬯酒的权力。未获赏赐圭瓒的，就由天子赐给鬯酒。

19. 天子命之教，然后为学。小学在公宫南之左，大学在郊。天子曰辟雍^①，诸侯曰頖宫^②。

【注释】
①辟雍：周天子为世子及贵族子弟设立的大学，其形四方环水，形如璧，故称辟雍。
②頖（pàn）宫：又作"泮宫"，诸侯为世子及贵族子弟设立的大学，其形东西两门以南有水相环而通。

【译文】
天子下令开办教育，然后设立学校。小学设在国君宫廷之南的左侧，大学设在国都郊区。天子所设的大学称辟雍，诸侯所设的大学称頖宫。

20. 天子将出征，类乎上帝，宜乎社，造乎祢，祃于所征之地^①。受命于祖，受成于学。出征，执有罪，反，释奠于学^②，以讯馘告^③。

【注释】

①祃（mà）：一种军祭，具体礼典、仪式已不可考。

②释奠：设置酒食以奠祭先圣先师。

③讯：俘虏。《诗经·小雅·出车》："执讯获丑。"馘（guó）：原指杀死敌军后取其左耳以计军功，也借指所杀之敌。《诗经·鲁颂·泮水》："在泮献馘。"

【译文】

天子即将出征之前，要类祭上帝，宜祭社稷，造祭祢庙，并在开战的地方举行祃祭。出征前在祖庙占卜并祭拜先祖表示受命出征，并在大学里决定策略。出兵征伐，擒获有罪的人，归返后，在大学设奠拜祭先圣先师，以禀告所获俘虏与杀死敌军的人数。

21. 天子诸侯无事，则岁三田：一为干豆①，二为宾客，三为充君之庖。无事而不田曰不敬②，田不以礼曰暴天物。天子不合围，诸侯不掩群。天子杀则下大绥③，诸侯杀则下小绥，大夫杀则止佐车④，佐车止则百姓田猎。獭祭鱼⑤，然后虞人入泽梁⑥；豺祭兽⑦，然后田猎；鸠化为鹰⑧，然后设罻罗⑨；草木零落，然后入山林。昆虫未蛰，不以火田。不麛⑩，不卵，不杀胎，不殀夭⑪，不覆巢。

【注释】

①干豆：将捕获的动物制成干肉，盛放于豆等祭器以供祭祀。

②无事而不田曰不敬：据郑注，没有大事而不依时节田猎，则会简慢祭祀、忽略宾客，所以说"不敬"。

③大绥：天子田猎时所使用的大旗。

④佐车：协助驱赶野兽的车辆。

⑤獭（tǎ）祭鱼：水獭以鱼为主食，常将捕获的鱼陈列于水边，犹如祭祀时陈列供品，故称獭祭鱼。按照《月令》规定，每年孟春正月"獭祭鱼"，此后，就可以入湖泽下网捕鱼了。

⑥虞人：掌管山林湖泽的官员。

⑦豺祭兽：生性凶猛的犬科动物，捕兽时围阵若祭，故称豺祭兽。据说，"豺祭兽"，是在秋天九、十月时。

⑧鸠化为鹰：古人以为鸠与鹰是可以互相变化的，据说"鸠化为鹰"在仲秋八月。其实，鸠、鹰不能互化，这是古人的误解。

⑨罻（wèi）：小网。

⑩麛（mí）：又作"麑"，幼鹿，泛指幼兽。此处指捕捉幼兽。

⑪殀（yǎo）：断杀。夭：未成年的禽兽。

【译文】

天子、诸侯在平常无战争或凶丧之事时，每年狩猎三次：一是为了祭祀准备供品，二是为了招待宾客准备菜肴，三是为了充实天子、诸侯的厨房膳食。平常无战争或凶丧之事却不狩猎就是不敬，狩猎而不依循相关的礼仪规定就是戕害上天所生之物。为了避免物种灭尽，天子狩猎不采取四面合围的方式，诸侯狩猎不杀尽成群的野兽。天子猎获时就放下指挥的大旗，诸侯猎获时就放下指挥的小旗，大夫猎获时就停下助猎的佐车，佐车停下后百姓就可以开始田猎。孟春正月，水獭将捕获的鱼陈列如祭品以后，管理川泽的虞人可以进入湖泽并设鱼梁捕鱼；季秋九月，豺兽如祭祀般围猎以后，才能开始狩猎；仲秋八月，鸠化为鹰以后，才能设罗网捕飞鸟；草木凋零后，才进入山林砍伐树木。昆虫还未冬眠蛰居时，不能放火烧草以获取猎物。不捕取幼兽，不掏取鸟卵，不杀怀胎的母兽，不杀小兽，不毁坏掀覆鸟巢。

22. 天子七日而殡^①，七月而葬。诸侯五日而殡，五月而葬。大夫、士、庶人三日而殡，三月而葬。三年之丧，自天子达。庶人县封^②，葬不为雨止，不封不树^③。丧不贰事，自天子达于庶人。丧从死者，祭从生者。支子不祭。

【注释】

①殡（bìn）：死者入殓后暂置灵柩以待葬。

②县（xuán）封：指直接悬绳下棺而不立碑。县，同"悬"。封，堆土为坟包。郑注以为当作"窆"（biǎn），将棺木放入圹穴。

③不封不树：据考证，我国在春秋以前，安葬死者墓穴上是不起封土堆，也不种植树木的。

【译文】

天子死后第七天殡，第七个月下葬。诸侯死后第五天殡，第五个月下葬。大夫、士、庶人死后第三天殡，第三个月下葬。为父母服三年之丧，从天子以至庶人都是一样的。庶人的棺以悬吊的方式下葬，棺枢安葬不因下雨而停止，墓圹上不堆土为坟也不种树。服丧期间要专一而不从事其他活动，从天子到庶人都一样。丧礼的规格要依照死者生前的身份地位而定，祭礼则依照主祭者的身份地位而定。支子不能主持祭祀。

23. 天子七庙，三昭三穆①，与大祖之庙而七②。诸侯五庙，二昭二穆，与大祖之庙而五。大夫三庙，一昭一穆，与大祖之庙而三。士一庙。庶人祭于寝。

【注释】

①三昭三穆：指父、祖、曾祖、高祖、高祖之父、高祖之祖的宗庙排列次序，若子为昭，则父为穆、祖为昭、曾祖为穆，依次递推。昭、穆，周代祖先宗庙排列之次序，左为昭庙，右为穆庙。

②大祖：即太祖，指始封之祖，周王天子以后稷为太祖，诸侯、大夫则以始封之君为太祖。

【译文】

天子设立七庙，三座昭庙，三座穆庙，加上太祖庙共七庙。诸侯设立五庙，两座昭庙，两座穆庙，加上太祖庙共五庙。大夫设立三庙，一座昭庙，一座穆庙，加上太祖庙共三庙。士设立一庙。庶人不设庙，就在住所中祭祀祖先。

24. 天子诸侯宗庙之祭，春曰礿①，夏曰禘，秋曰尝，冬曰烝。天子祭天地，诸侯祭社稷，大夫祭五祀②。天子祭天下名山大川：五岳视三公③，四渎视诸侯④。诸侯祭名山大川之在其地者。天子诸侯祭因国之在其地而无主后者⑤。

【注释】

①礿（yuè）：据郑注，礿、禘、尝、烝为夏殷的祭名，周代则改春曰祠、夏曰礿。

②五祀：指祭户、灶、中霤、门、行五种神。

③视三公：据郑注，指祭祀规格，即所用祭牲、祭器及仪式比照祭祀三公。

④四渎：《尔雅·释水》：“江、河、淮、济为四渎。”

⑤因国之在其地而无主后者：据郑注，指世代承袭之故国，其先王先公有功德本应世世代代受祀，却无后嗣为之主祭者。因，承袭。

【译文】

天子、诸侯四时的宗庙祭祀，春祭称为礿，夏祭称为禘，秋祭称为尝，冬祭称为烝。天子祭祀天地，诸侯祭祀社稷，大夫祭祀五祀。天子祭祀天下的名山大川：祭五岳比照三公祭祀的祭牲与祭器规格，祭四渎比照诸侯的祭牲与祭器规格。诸侯祭祀在自己领土境内的名山大川。天子、诸侯祭祀境内没有后嗣为之祭祀的故国之主。

25. 古者公田藉而不税①；市，廛而不税②；

关，讥而不征③。林麓川泽，以时入而不禁。夫圭田无征④。用民之力岁不过三日。田里不粥⑤，墓地不请。

【注释】

①藉而不税：征借民力耕种，可以抵税。藉，借也。

②廛而不税：租用公家店铺做买卖，只收房租，不另征收货物税。廛，公家所建的店铺。

③讥：稽查，指稽查往来的异言异服之人。

④圭田：卿、大夫、士用以供奉祭祀的田。

⑤粥（yù）：同"鬻"，卖。

【译文】

古时候，协助耕种公田者，不征收田税；在市集租借公家店铺做买卖者，只收店租而不征收货物税；各大小关口，负责稽查往来的异言异服之人而不征收关税。森林、山麓、河川、沼泽，若按照适当的时节伐木、渔猎，就不加禁止。耕种供奉祭祀的田不征赋税。公家征用民众服劳役，一年不超过三天。公家分配给人民的田宅不得出卖，丧葬都用公家规划的墓地，不得另有请求。

26. 凡居民材①，必因天地寒暖燥湿、广谷大川异制，民生其间者异俗，刚柔、轻重、迟速异齐②，五味异和，器械异制，衣服异宜。修其教，不易其俗；齐其政，不易其宜。中国戎夷，五方之民，皆有性也，不可推移。东方曰夷，被发文身③，有不火食者矣。南方曰蛮，雕题交趾④，有不火食者矣。西方曰戎，被发衣皮，有不粒食者矣⑤。北方曰狄，衣羽毛穴居，有不粒食者矣。中国、夷、蛮、戎、狄，皆有安居、和味、宜服、利用、备器。五方之民，言语不通，嗜欲不同。达其志，通其欲：东方曰寄⑥，南方曰象，西方曰狄鞮，北方曰译。

【注释】

①材：材艺。郑注说"使其材艺堪地气"，是说人之秉性、材艺因为各地环境不同而有差异。

②齐（jì）：同"剂"，分量。

③被（pī）：披。

④雕题：在额头上刺青。雕，刻镂。题，额头。交趾：两足足趾向内相交。

⑤不粒食：不吃粮食而食禽兽之肉，是因为当地气候寒冷、少五谷。粒，谷物。

⑥寄：与以下"象"、"狄鞮"（dī）、"译"是四方各地对于翻译的称呼。

【译文】

凡各地居民的秉性材艺，必会因为当地天候寒暖燥湿、居处环境为山谷大川等差异而有不同的类型，人民生活在不同的天候、地理条件下，发展出不同的风俗民情，性格中刚柔、轻重、快慢的特点各不相同，对五味的偏好各不相同，使用的器械形制各不相同，衣服的材质样式各不相同。国家要施行礼法教化各地人民，而不改变他们原有的风俗；统一政令，而不改变适宜于各地的习俗。中原与四方民族，所有的人民，都有各自的习性，不可勉强改变。东方民族称为夷，披头散发，身上绘着花纹，有的人不生火烧饭吃熟食。南方民族称为蛮，额头刺刻着花纹，左右两脚相交错，有的人不生火烧饭吃熟食。西方民族称为戎，披头散发，穿着兽皮衣服，有的人不吃五谷食粮而食禽兽之肉。北方民族称为狄，穿着鸟羽、兽皮的衣服，住在洞穴里，有的人不吃五谷食粮而食禽兽之肉。中原、东夷、南蛮、西戎、北狄各地，各自都有舒适的住所、可口的味道、适当的衣饰、便利的用品、周备的器具。五方各地的人民，语言不相通，嗜好与需求也不相同。为了传达思想意志，了解彼此的需求，有人负责沟通翻译工作：东方叫作寄，南方叫作象，西方叫作狄鞮，北方叫作译。

27. 凡居民，量地以制邑，度地以居民。地、邑、民居，必参相得也。无旷土，无游民，食节事时，民咸安其居，乐事劝功，尊君亲上，然后兴学。

【译文】

凡是安顿人民，要根据地势高低广狭确定城邑的大小规模，要根据土地的宽窄多寡来决定居民的多少。地理环境、城邑规模、居民数量，三者一定要配合得当。没有荒废的土地，没有无业游民，饮食有所节制，使用民力都依照四时节令，人民都安心地居住生活，快乐地工作富于成效，尊敬君王，亲爱长辈与上级，然后兴办学校，教化人民。

28. 司徒修六礼以节民性①，明七教以兴民德，齐八政以防淫，一道德以同俗，养耆老以致孝，恤孤独以逮不足，上贤以崇德，简不肖以绌恶②。命乡简不帅教者以告③。耆老皆朝于庠④。元日，习射上功⑤，习乡上齿⑥，大司徒帅国之俊士与执事焉⑦。不变，命国之右乡简不帅教者移之左，命国之左乡简不帅教者移之右，如初礼。不变，移之郊⑧，如初礼。不变，移之遂⑨，如初礼。不变，屏之远方，终身不齿⑩。

【注释】

①司徒：掌管教化的官员。六礼：指古代的冠礼、婚礼、丧礼、祭礼、乡饮酒礼和乡射礼、相见礼。参本篇45节。

②简：选。绌（chù）：去除。

③乡：基层行政单位。帅：遵循。

④耆老：指乡中退休的高官及前辈贤人。朝：会。庠（xiáng）：古代的学校，特指乡学。

⑤习：演习。射：乡射礼。功：指射中者。演习乡射礼，由射中者居上位，故称"上功"。

⑥乡：指乡饮酒礼。齿：年纪。演习乡饮酒礼，老者居上位，故称"上齿"。

⑦俊士：从乡学择优进入大学的人。参本篇29节。

⑧郊：乡界以外的行政区划。

⑨遂：郊以外的行政区划。

⑩齿：录用，收纳。

【译文】

司徒修习六礼以节制人民的习性，阐明七教以兴发人民的德性，整齐八政以防止淫邪放肆，统一道德规范以形成共同的社会风俗，赡养老人以提倡孝道，抚恤孤独的人以引导人民救济困乏，尊重贤人以示崇尚道德，举发小人以示罢斥邪恶。命各乡挑出不服从教管的人上报。让高龄老人都到学校聚会。选一个吉日，演习乡射礼，以射中者为上；行乡饮酒之礼，以老者居上；大司徒率领国家选出的俊士参与演习礼仪之事。如不服从教管的人仍不改变，就命右乡挑出不服教管的人，将他们迁到左乡，命左乡挑出不服管教的人，将他们迁到右乡，在异乡，如前演习各种礼仪以教化他们。如果再不改变，就把他们迁到郊区，也如前演习各种礼仪以教化他们。如果再不改变，就把他们迁到远郊的遂，也如前演习各种礼仪以教化他们。最后如果依旧不变，就把他们驱逐到远方，终身不录用。

29. 命乡论秀士①，升之司徒，曰选士。司徒论选士之秀者而升之学，曰俊士。升于司徒者不征于乡；升于学者不征于司徒，曰造士。乐正崇四术②，立四教③，顺先王《诗》、《书》、《礼》、《乐》以造士。春秋教以《礼》、《乐》，冬夏教以《诗》、

《书》。王大子、王子、群后之大子、卿大夫元士之适子、国之俊选，皆造焉。凡入学以齿。将出学④，小胥、大胥、小乐正简不帅教者以告于大乐正⑤，大乐正告于王。王命三公、九卿、大夫、元士皆入学。不变，王亲视学。不变，王三日不举⑥，屏之远方⑦，西方曰棘，东方曰寄，终身不齿。大乐正论造士之秀者以告于王，而升诸司马⑧，曰进士。

【注释】

①论：考评。

②乐正：乐官之长，掌管贵族子弟的教务。四术：指《诗》、《书》、《礼》、《乐》。

③四教：以四术为本的教化。

④出学：郑注："谓九年大成，学止也。"

⑤小胥：掌管学生征令。大胥：掌管学籍。小乐正：为大乐正副手。三者皆大乐正的部属。

⑥不举：食不举乐，表示自责。

⑦屏（bǐng）：摒。

⑧司马：掌管政务的官员。

【译文】

命各乡考评优秀人才，推荐给司徒，称为选士。司徒考核选士中优秀的人推荐给大学，称为俊士。推荐给司徒的免服乡中的徭役；推荐给大学的免服国家的徭役，统称为造士。乐正推崇《诗》、《书》、《礼》、《乐》四种学术，设立四类教程，遵循先王传下来的《诗》、《书》、《礼》、

《乐》以造就人才。春、秋二季教《礼》、《乐》，冬、夏二季教《诗》、《书》。王太子、王子、诸侯各国的太子、卿大夫及元士的嫡子、国中的俊士选士，都来就学。凡入学，依照年龄长幼安排各种学习，不论身份尊卑。即将学成时，小胥、大胥、小乐正要挑选出不服从管教的人上报大乐正，大乐正再上报天子。天子于是命三公、九卿、大夫、元士都到大学，演习各种礼仪，为不服管教的子弟示范。如果不改变，天子就亲自去大学视察。如果还不改变，天子三天用膳时不举乐，并将不服管教的子弟驱逐到远方，到西方的称为棘，到东方的称为寄，终身不再录用。大乐正考核学有所成的造士，选拔优秀的人才上报于天子，并推荐给司马，称为进士。

30. 司马辨论官材，论进士之贤者以告于王，而定其论。论定然后官之，任官然后爵之，位定然后禄之。大夫废其事，终身不仕，死以士礼葬之。有发，则命大司徒教士以车甲。

【译文】
　　司马辨析考评这些进士的为官能力，评选出进士中的优秀人才上报给天子，由天子进行最后的裁定。天子论定后就派任官职，出任官职后再颁授爵位，爵位确定后再发给俸禄。大夫如果荒废政事，则终身不再委任，死后也只能以士的礼仪安葬。国家有战事要征发兵卒时，就命大司徒教士子有关乘车戴甲等征战之事。

31. 凡执技①，论力，适四方，赢股肱②，决射御。凡执技以事上者，祝、史、射、御、医、卜及百工。凡执技以事上者，不贰事，不移官，出乡不与士齿。仕于家者，出乡不与士齿③。

【注释】

①执技：指从事祝、史、射、御、医、卜、百工等工作。

②赢（luǒ）：赤身露体。

③不与士齿：据郑注，执技者地位低贱，容许他们在乡可与士并列，是执政者为了表现亲和的治民原则。

【译文】

凡有一技之长的，考校他们的能力，派他们到各地，裸露臂腿，比赛射箭、驾车。凡以一技之长事奉君王的人，有祝、史、射、御、医、卜及百工。凡以一技之长事奉君王的人，不能兼职，不能改行，出了乡不能与士排序并列。在卿大夫家任职的，离开本乡出外，也不能与士排序并列。

32. 司寇正刑明辟①，以听狱讼，必三刺②。有旨无简③，不听。附从轻④，赦从重。凡制五刑⑤，必即天论⑥，邮罚丽于事⑦。凡听五刑之讼，必原父子之亲、立君臣之义以权之；意论轻重之序，慎测浅深之量以别之；悉其聪明，致其忠爱以尽之。疑狱，氾与众共之；众疑，赦之。必察小大之比以成之⑧。成狱辞，史以狱成告于正⑨，正听之，正以狱成告于大司寇，大司寇听之棘木之下⑩。大司寇以狱之成告于王，王命三公参听之。三公以狱之成告于王，王三又⑪，然后制刑。凡作刑罚，轻无赦。刑者侀也⑫，侀者成也，一成而不可变，故君子尽心焉。

【注释】

① 司寇：掌管刑法的官员。辟：罪。

② 三刺：三度讯问调查，以弄清罪案，明断是非。据《周礼·秋官·小司寇》，三刺是，一讯群臣，二讯群吏，三讯万民。刺，侦讯，讯问。

③ 旨：内在的意念，指犯罪意图。简：外显的表征，指犯罪事实。

④ 附：判刑，施刑。

⑤ 五刑：指墨（在脸部刺字）、劓（yì，割鼻）、剕（fèi，断足）、宫（割除或破坏生殖器）、大辟（死刑）五种刑罚。

⑥ 论（lún）：通"伦"，伦理。

⑦ 邮：据郑注，指断人罪过。丽（lí）：附。

⑧ 比：以前的案例。

⑨ 史：负责整理狱讼记录的史官。狱成：即狱辞。正：长，官长。

⑩ 棘木：指天子外朝左右有九棵棘木，用以标示众朝臣之位。

⑪ 三又：即"三宥"。又，通"宥"，宽宥。据《周

礼·秋官·司寇·司刺》，三宥是指在三种情况下犯罪则考虑宽宥：一为"不识"，指愚民因无知而犯罪；二为"过失"，即非故意的过失犯罪；三为"遗忘"，指因客观状况造成当事人一时遗忘法令而犯罪。

⑫侀（xíng）：成形。

【译文】

司寇负责审定刑法、明辨刑罪，以审理狱讼，审理罪案时，一定要谨慎地侦讯案情，再三调查侦讯。对于有犯罪意图而无犯罪事实的人，不予起诉。定刑时，凡刑罚可轻可重的，则从轻；刑罚可赦免时，按照可以赦免的重罪予以赦免。凡终审要判处五刑的，一定要考虑天伦关系，使断案刑罚与犯罪事实相符。凡审理要判处五刑的诉讼，一定要考虑父子的亲情、确定君臣之义，以权衡刑罚；依据犯罪情节认真思量刑罚的轻重，审慎考虑罪行的深浅程度，以判定刑罚的差别；充分发挥耳之聪、目之明，秉持忠恕仁爱的原则，使犯罪之人得尽情表述，使案情能真正清楚。有疑问的狱案，要广泛地听取众人的意见；如众人也疑而不决，就先赦免当事人。一定要考察罪行的大小，比照以前发生过的案例，完成审理。完成审判过程记录之后，文书官就将案件审判结果上报给负责司法的正。正审核之后，再将案件审判结果上报大司寇，大司寇在天子外朝的棘木下审理案件。大司寇将审理结果上报天子，天子命三公一起参与审理。三公审理后把结果上报天子，天子再考虑是否在三宥的范围内，然后就判定刑罚。凡制定刑罚，罪刑轻的不予赦免。刑，就是"侀"；侀，是成形、定型，形体既成而不可改变，人体一旦受刑，也不可改变，所以君子审理刑案一定要尽心尽责。

33.析言破律^①，乱名改作，执左道以乱政，杀。作淫声、异服、奇技、奇器以疑众，杀。行伪而坚，言伪而辩，学非而博，顺非而泽以疑众^②，杀。假于鬼神、时日、卜筮以疑众，杀。此四诛者，不以听。凡执禁以齐众^③，不赦过。

【注释】

①析言破律：指巧言玩弄辞藻以曲解法律。

②泽：化妆用的膏脂，引申有粉饰掩过之意。

③禁：禁令。据《周礼·秋官·司寇·士师》，国有五禁之法，即宫禁、官禁、国禁、野禁、军禁等。

【译文】

诡辩巧言、玩弄辞藻以曲解法律，混乱名分，变易制度，搞歪门邪道来干扰国政者，杀。制作淫邪的音乐、奇装异服、诡异的技术、怪诞的器物来迷惑大众者，杀。行为虚伪而貌似坚贞，言语虚伪而诡辩其辞，学非正道而貌似广博，道理乖谬而巧饰，以此迷惑大众者，杀。假借鬼神、时日吉凶、卜筮等以迷惑大众者，杀。这四种该杀者，都不必再审理。凡是执行禁令、要求众人一律遵守时，对犯禁者，不赦免。

34. 有圭璧金璋①，不粥于市②。命服命车，不粥于市。宗庙之器，不粥于市。牺牲不粥于市。戎器不粥于市。用器不中度，不粥于市。兵车不中度，不粥于市。布帛精粗不中数，幅广狭不中量，不粥于市。奸色乱正色，不粥于市。锦文、珠玉成器，不粥于市。衣服饮食，不粥于市。五谷不时，果实未熟，不粥于市。木不中伐，不粥于市。禽兽鱼鳖不中杀，不粥于市。关执禁以讥，禁异服，识异言。

【注释】

①金：王引之《经义述闻·礼记上》"圭璧金璋"条说，"金"当是"宗"之误，"宗"是"琮"的假借。圭、璧、琮、璋，《聘礼》称为"四器"，文献多见。王说似可信。

②粥（yù）：同"鬻"，卖。

【译文】

有圭、璧、琮、璋贵重器物，不得在市场买卖。国君赏赐的衣物、车辆，不得在市场买卖。宗庙祭祀用具，不得在市场买卖。祭祀用的牺牲，不得在市场买卖。军队用的武器，不得在市场买卖。生活用器不合标准规格的，不得在市场买卖。兵车不合标准规格的，不得在市场买卖。布帛的经纬线精粗不合标准规格的，门幅宽度不合尺寸规格的，不得在市场买卖。不正之色混淆正色、压过正色的，不得在市场买卖。用锦纹、珠玉制成的器物，不得在市场买卖。日常的衣服饮食，不得在市场买卖。五谷未到成熟季节，果实尚未成熟的，不得在市场买卖。树木过小、不合砍伐标准的，不得在市场买卖。禽兽鱼鳖过小、不合捕捉标准的，不得在市场买卖。各关卡依照禁令稽查往来人员，禁止奇装异服，辨识不同语言。

35. 大史典礼，执简记^①，奉讳恶^②。

【注释】

①简记：册书，用单枚的简编连成册。

②奉：进奉。讳：先王的名讳。恶：先王的忌日。

【译文】

太史掌管礼仪，手持简册文书，并进奉应避讳的先王名字与忌日。

36. 天子齐戒受谏^①。司会以岁之成质于天子^②，冢宰齐戒受质。大乐正、大司寇、市三官^③，以其成从质于天子，大司徒、大司马、大司空齐戒受质。百官各以其成质于三官，大司徒、大司马、大司空以百官之成质于天子，百官齐戒受质。然后，休老劳农^④，成岁事，制国用。

【注释】

①齐戒受谏：据郑注，此指岁末之际，群臣奏报当年的事务并对应当改进的地方提出谏议，因此天子要

斋戒以示敬慎。齐：通"斋"。本节"齐"字皆同此。

②司会：冢宰的属下，主管财政以及考察群臣政绩。

成：统计的簿书。质：评断，评定。

③市：司市，司徒属官，主管市场。

④劳：犒劳。

【译文】

年终时，天子斋戒以接受群臣奏报当年事务并提出谏议。司会将一年来的行政业绩统计簿书呈报天子评断，冢宰斋戒接受天子的评定。大乐正、大司寇、司市三官员，随从司会将各自的行政业绩统计簿书呈报天子评断，大司徒、大司马、大司空斋戒接受天子的评定。百官各以其行政业绩统计簿书呈报三大官员评断，大司徒、大司马、大司空再将百官的行政业绩统计簿书呈报天子评断，百官斋戒接受评定。然后，使老年人休养，犒劳农夫，完成一年应办理的事，即可制定国家下一年预算。

37. 凡养老①，有虞氏以燕礼，夏后氏以飨礼，殷人以食礼，周人修而兼用之。五十养于乡，六十养于国，七十养于学，达于诸侯。

【注释】

①养老：指养老礼，古代以养老之礼以倡导尊老、敬老。

【译文】

凡养老之礼各朝皆不同，有虞氏举行燕礼，设宴于正寝且仪式比较轻松；夏后氏举行飨礼，设宴于朝而仪式比较隆重；殷人举行食礼，设酒不饮而以食为主；周人斟酌去取而兼用这三种礼。对五十岁以上老人，在乡中行养老礼；对六十岁以上老人，在国都行养老礼；对七十岁以上老人，在大学行养老礼。此例天子、诸侯通用。

38. 八十拜君命，一坐再至①，瞽亦如之。九十使人受。五十异粻②，六十宿肉，七十贰膳③，八十常珍，九十饮食不离寝，膳饮从游可也。六十岁制④，七十时制，八十月制，九十日修；唯绞、紟、衾、冒⑤，死而后制⑥。五十始衰，六十非肉不饱，七十非帛不暖，八十非人不暖，九十虽得人不暖矣。五十杖于家⑦，六十杖于乡，七十杖于国，八十杖于朝，九十者天子欲有问焉，则就其室，以珍从。七十不俟朝⑧，八十月告存，九十日有秩。五十不从力政，六十不与服戎，七十不与宾客之事，八十齐丧之事弗及也。五十而爵，六十不亲学，七十致政，唯衰麻为丧。

【注释】

①一坐再至：君王有所赏赐时，本应行隆重跪拜之礼，但是念及老年人体衰不胜劳顿，只须一跪二叩首。坐，即今之跪。至，指俯首至地。

②粻（zhāng）：粮食。

③贰膳：佐以佳肴。贰，副，佐。

④制：指预备制作丧葬用品。

⑤绞：包束尸体殓衣的布带。给（jīn）：单被，大殓时用。衾：被子，大小殓均用。冒：包裹尸体的最外层布套。此四者皆是人死后敛尸所用的物品。

⑥死而后制：人死后才开始制作。据《礼记·檀弓上》："丧具，君子耻具，一日二日而可为也者，君子弗为也。"是说君子若急急准备丧具，则有速弃其亲之嫌，故上述用以收殓尸体的物品，只要在死后第二天小殓、第三天大殓前赶制即可。

⑦杖：拄杖，以下可以拄杖的场所，随着老者年龄增长而愈来愈大，表示对老年人的体恤。在汉代，由皇帝向高龄老人颁授王杖，成为养老、敬老的象征。甘肃武威磨嘴子出土汉简明文规定"七十以上，人所尊敬也……高年赐王杖"（《王杖诏书令册》）、"年七十者授之以王杖"（《王杖十简》），磨嘴子汉墓出土王杖长约2米，端首有木刻的鸠鸟。

⑧不俟朝：指年老的大夫、士上朝，向君王作揖行礼后即可退朝，不必等朝毕。

【译文】

八十岁时拜谢君王赏赐，可以一跪二叩首，双目失明的人也如此。九十岁的人可以找人代为接受君王赏赐。关于用餐，五十岁，可以享用较精美的粮食；六十岁，可以隔天吃一次肉；七十岁除了吃肉之外，可佐以另一种佳肴；八十岁，可以时常吃珍贵的食物；九十岁，饮食就在寝室中，若出游则饮食应随时供给。关于制作丧具，六十岁要每年准备，七十岁要每个季节准备，八十岁要每个月准备，九十岁则每天都要准备；只有绞、紟、衾、冒等，是人死后才置办的。人五十岁开始衰老，六十岁没有肉就吃不饱，七十岁没有丝帛衣物就不暖和，八十岁不依傍他人的身体就睡不暖，九十岁虽然有人可依傍也不暖和了。五十岁可在家挂杖，六十岁可在乡中挂杖，七十岁可在国都中挂杖，八十岁可在朝廷中挂杖，九十岁的人，天子若有事问，就要到老人家中去，带着珍贵物品前往。七十岁上朝见君王，可以不必伫立等到朝毕才退朝；八十岁，君王每个月要派人去问候；九十岁，君王每天要派人致送膳食。五十岁可以不服劳役，六十岁可以不参与战事，七十岁可以不参与宴会宾客，八十岁可以不参与祭礼及丧礼。大夫五十岁封爵位，六十岁不亲自到学校学习，七十岁辞官退休，遇到丧事只要服丧服，不必参与丧礼众多仪式。

39. 凡三王养老皆引年①。八十者一子不从政②。九十者其家不从政。废疾非人不养者一人不从政。父母之丧，三年不从政。齐衰、大功之丧，三月不从政。将徙于诸侯，三月不从政。自诸侯来徙家，期不从政③。

【注释】

①引年：根据户籍核定年龄。

②政（zhēng）：通"征"，徭役的征召。

③期（jī）：满一年。

【译文】

凡夏、商、周三代行养老礼都根据户籍以核定年龄，以确定资格。家有八十岁以上的人，可有一个儿子不服徭役。家有九十岁以上的人，可全家都不服徭役。家有残废、生病无人照料就无法生活的人，可有一人不服徭役。为父母守丧，三年不服役。服齐衰或大功之丧的，三月不服徭役。即将迁居到诸侯国采地的人，三月不服徭役。从其他诸侯国迁来定居的，一年不服徭役。

40. 少而无父者谓之孤，老而无子者谓之独，老而无妻者谓之矜^①，老而无夫者谓之寡。此四者，天民之穷而无告者也，皆有常饩^②。

【注释】

①矜（guān）：亦作"鳏"。

②饩（xì）：粮食。

【译文】

年幼而没有父亲的人叫作孤，年老而没有儿子的人叫作独，年老而没有妻子的人叫作矜，年老而没有丈夫的人叫作寡。这四种人，是人民中困乏而无处可投诉的人，都要定期供应粮食。

41. 瘖、聋、跛、躃、断者、侏儒^①，百工各以其器食之。

①躄（bì）：亦作"躃"，足不能行。

【译文】

哑吧、聋子、瘸子、不能行走的人、四肢断残的人、天生特别矮小的人，各种工匠都以各自的技能供养他们。

42. 道路，男子由右，妇人由左，车从中央。父之齿随行，兄之齿雁行，朋友不相逾。轻任并①，重任分，班白者不提挈②。君子耆老不徒行③，庶人耆老不徒食。大夫祭器不假。祭器未成，不造燕器。

【注释】

①任：指有担负的人。

②班白者：指头发斑白的老人。班，通"斑"。挈（qiè）：提。

③君子：与下文"庶人"相对。孙希旦《礼记集解》认为是指大夫与士。

【译文】

在道路上行走时，男子从右边走，妇女从左边走，车辆从中间行驶。与父亲年龄相当的人同行，应跟随在他后方；与兄长年龄相当的人同行，应该如雁行一样并行而稍后；与朋友同行，并肩而走不超越抢先。两个各有担负的人同行，如果两人担负都轻，就合在一起由比较年轻的人挑担；若两人担负都重，则各自挑担，由比较年轻的人挑重的，年长的人挑轻的；头发斑白的老人不提着东西走路。

年老的大夫、士不徒步走路，年老的庶人吃饭要有肉。大夫应自备祭祀用器而不向他人借用。祭器未制成之前，不制造生活用器。

43. 方一里者为田九百亩①。方十里者为方一里者百，为田九万亩。方百里者为方十里者百，为田九十亿亩②。方千里者为方百里者百，为田九万亿亩。

【注释】

①方一里：一里见方，即呈正方形时长一里宽一里。

②亿：相当于汉代的十万。

【译文】

一里见方的土地可以划分田地九百亩。十里见方的土地是一里见方的一百倍，可以划分田地九万亩。一百里见方的土地是十里见方的百倍，可以划分田地九百万亩。一千里见方的土地是一百里见方的百倍，可以划分田地九万万亩。

44. 古者以周尺八尺为步，今以周尺六尺四寸为步①。古者百亩，当今东田百四十六亩三十步。古者百里，当今百二十一里六十步四尺二寸二分。

【注释】

①今：指汉代。下同。

【译文】

古时候以周尺的八尺为一步，现代则是以周尺的六尺四寸为一步。古时候田地百亩，相当现代东方齐鲁一带田地的一百四十六亩三十步。古时候的一百里，相当现代一百二十一里六十步四尺二寸二分。

45. 六礼：冠、昏、丧、祭、乡、相见。七教：父子、兄弟、夫妇、君臣、长幼、朋友、宾客。八政：饮食、衣服、事为、异别、度、量、数、制①。

【注释】

①异别：指五方用器各不相同。度：丈尺等长度单位。量：斗斛等容量单位。数：百十等计数单位。

【译文】

六礼：是指冠礼、婚礼、丧礼、祭礼、乡饮酒礼及乡射礼、相见礼。七教：是指父子、兄弟、夫妇、君臣、长幼、朋友、宾客等人际关系的教育。八政：是指饮食、衣服、百工技艺、各类用器、长度单位、容量单位、计数单位、布帛规格等八方面的制度规定。

礼 运

郑玄《礼记目录》云："名曰'礼运'者，以其记五帝三王相变易，阴阳转旋之道。"

"运"是运行的意思，本篇论礼的源流与运行、运用，因此称为"礼运"。本篇由孔子答言偃问的形式，论述五帝三王的"大同"、"小康"之治，提出礼的起源、发展、演变至完善的过程，探讨圣王制礼的原则，批评周末礼衰、天子诸侯违礼失政，进一步论述礼在治国安民方面的重要作用，同时指出人与天地、阴阳、鬼神、五行的密切关系。

本篇《礼运第九》，选释 2 小节，即对"大同"与"小康"社会的论述。作者认为，"天下为公"的"大同"社会是一个"人不独亲其亲，不独子其子，使老有所终，壮有所用，幼有所长，矜寡孤独废疾者，皆有所养"的理想社会；而在大道既隐之后，"天下为家，各亲其亲，各子其子，货力为己"，因而需要推行礼义，摆正君臣、父子、兄弟、夫妇关系，设立制度，这就是"小康"社会。

1. 昔者仲尼与于蜡宾①，事毕，出游于观之上②，喟然而叹。仲尼之叹，盖叹鲁也。言偃在侧曰③："君子何叹？"孔子曰："大道之行也④，与三代之英⑤，丘未之逮也，而有志焉⑥。大道之行也，天下为公。选贤与能⑦，讲信修睦，故人不独亲其亲，不独子其子，使老有所终，壮有所用，幼有所长，矜寡孤独废疾者⑧，皆有所养。男有分⑨，女有归⑩。货，恶其弃于地也，不必藏于己；力，恶其不出于身也，不必为己。是故谋闭而不兴，盗窃乱贼而不作，故外户而不闭。是谓大同。"

【注释】

①蜡（zhà）宾：蜡祭的助祭之宾。蜡，祭名。据《仪礼·郊特牲》，蜡祭在每年十二月举行，合祭百神。宾，助祭者。当时孔子在鲁国居官，在助祭者之列。

②观（guàn）：或称"阙"，或台。

③言偃：孔子弟子，姓言名偃，字子游。

④大道之行：指能够遵行非常广大的道的五帝时代。"五帝"历来有不同说法，《史记·五帝本纪》为轩辕黄帝、颛顼、帝喾、尧、舜。

⑤英：指才德出众的人，即下文所说禹、汤、文、武、成王、周公。

⑥志：识，指记载。

⑦与（jǔ）：通"举"。《大戴礼记·主言》作"选贤举能"。

⑧矜（guān）：同"鳏"。

⑨分（fèn）：职分，职业。

⑩归：女嫁曰归。

【译文】

以前仲尼参与鲁国蜡祭的宾，祭事结束后，他外出游览，登于门楼之上，不禁叹息。仲尼的叹息，大抵是为鲁国而发的。当时言偃在旁，说："君子为什么叹息？"孔子说："五帝时期是大道施行的时代，三代时英明的君臣，我都没能赶得上，但古书记载了当时的情况。大道施行的时代，天下为人民公有。选拔有德行的贤人、举荐有道德的能人，讲求诚信、修行和睦，所以人民不只是孝敬自己的双亲，不只是慈爱自己的子女，而是使老年人可以颐养天年，使壮年人可以发挥所能，使幼年人能健康地成长，鳏夫或寡妇、孤儿或无后者、残疾或生病的人，都可以得到照顾与供养。使男子各有职业，使女子出嫁各有归属。财货，厌恶它被任意抛弃在地上，却不必只是自己想占有收藏；力气，厌恶自己有能力却没有用出来，尽力却不必只是为自己。因此，阴谋被堵住了，没有人搞了，盗窃、作乱、贼杀都不会发生，所以家家户户大门可以不关闭。这就叫作大同社会。"

2．"今大道既隐，天下为家，各亲其亲，各子其子，货力为己，大人世及以为礼①。城郭沟池以为固，礼义以为纪；以正君臣，以笃父子，以睦兄弟，以和夫妇，以设制度，以立田里，以贤勇知。以功为己，故谋用是作，而兵由此起。禹、汤、文、武、成王、周公，由此其选也②。此六君子者，未有不谨于礼者也。以著其义，以考其信，著有过，刑仁讲让，示民有常。如有不由此者，在势者去，众以为殃。是谓小康。"

【注释】

①大人：指诸侯。世及：诸侯传位，父子相传为世，兄弟相传为及，即世袭制度。

②由：用。选：英才。

【译文】

"而今大道已衰微不行，天下成了一家所有。人们各自孝敬自己的双亲，各自慈爱自己的子女，财货人力都只为了自己，诸侯世袭相承成为礼制。修筑城郭沟池以防守，将礼义视为纲纪；以此端正君臣关系，以加深父子关系，以和睦兄弟关系，以调和夫妻关系，以设立制度规章，以划分田土宅里，以尊敬勇士与智者。由于成就功业都是为了自己，因此阴谋也就产生了，而战争也由此而发生。禹、汤、文、武、成王、周公，都是用礼义来治国的英才。这六君子，没有不谨慎实行礼制的人。透过礼制以彰显道义，以成就诚信，以明察过失，以仁为模范且讲求谦让，向人民昭示治国的常法。如果有不遵行礼义的，在位者就会因罪而被黜退，百姓会认为这是祸害。这就叫作小康社会。"

学 记

郑玄《礼记目录》云:"名曰'学记'者,以其记人学、教之义。"

本篇所谓的"学",意涵相当丰富,有教导、学习、学校、教育等不同意义。郑玄认为此篇内容乃记载人们学习与教育的意义;朱熹《仪礼经传通解》更具体指出,本篇是谈古代学校教人、传道、授业的顺序以及教育得失与兴废的原由,因此称为"学记"。

本篇是相当完整而且成熟的教育论著,开宗明义便提出了化民成俗的教育意义,也指出教学相长的重要观念,并提供教育者具体可行的教学方法——预防、适时、循序、观摩,尤其重视导引启发学生,而非一味强迫学生记诵;同时又从教育者与学习者的角度各自谈论有关的学习原则。本篇论述的时代背景虽然距今久远,但放诸今日,仍具有相当高的参考价值。

本篇《学记第十八》,全篇选释。

1. 发虑宪①，求善良，足以谀闻②，不足以动众。就贤体远，足以动众，未足以化民。君子如欲化民成俗，其必由学乎。

【注释】

①宪：法。

②谀（xiǎo）：小。闻（wèn）：声誉，名声。

【译文】

思想符合法则，招徕善良之士，能博取小名声，不足以感动大众。亲近贤人、体恤远方的臣民，能感动大众，不足以教化人民。君子如果想要教化人民并形成良好的风俗，就必须从办学校、兴教育入手。

2. 玉不琢，不成器；人不学，不知道。是故古之王者建国君民，教学为先。《兑命》曰①："念终始，典于学②。"其此之谓乎。

【注释】

①《兑（yuè）命》："兑命"当作"说命"，《尚书》佚篇名。郑注："高宗梦傅说，求而得之，作《说命》三篇，在《尚书》，今亡。"今《伪古文尚书》有《说命》上、中、下三篇，不可信。

②典：常。

【译文】

玉不雕琢，就不能成为有用的器物；人不学习，就不能知晓道理。所以古代的君王建立国家、治理人民，以兴办教育为先。《说命》说："自始至终，常常都惦记着致力于学习。"就是这个意思吧。

3. 虽有嘉肴，弗食，不知其旨也；虽有至道，弗学，不知其善也。是故学然后知不足，教然后知困。知不足，然后能自反也；知困，然后能自强也。故曰：教学相长也。《兑命》曰^①："学学半^②。"其此之谓乎。

【注释】

①《兑命》：参上节注①。

②学（xiào）学半：教与学，各获益一半。上"学"字，即"敩"，教。

【译文】

虽有美食佳肴，不亲口一吃，不知道它的美味；虽有深刻的道理，不亲自一学，不明白它好在哪里。所以，学习之后才知道自己的不足，教人之后才发觉自己的困惑。知道自己不足，然后才能够反省自己；发觉自己的困惑，然后才能发奋图强。所以说：教与学是相互促进的。《说命》说："教与学，各获益一半。"说的就是这个意思吧。

4. 古之教者，家有塾^①，党有庠^②，术有序^③，国有学。比年入学^④，中年考校。一年视离经辨志，三年视敬业乐群，五年视博习亲师，七年视论学取友，谓之小成。九年知类通达，强立而不反，谓之大成。夫然后足以化民易俗，近者说服而远者怀之，此大学之道也。《记》曰⑤："蛾子时术之⑥。"其此之谓乎。

【注释】

①塾：与下列"庠"、"序"、"学"皆古代学校名。据孔疏，古代二十五家为闾，同在一巷，巷首有门，门边有塾，居民子弟受教于塾。

②党：据《周礼·地官·大司徒》，五百家为党。党属于乡。

③术：郑注说，当为"遂"。据《周礼·地官·大司徒》，一万二千五百家为遂。遂在远郊。

④比（bì）年：每一年。

⑤《记》：孔疏："旧人之记先有此语，记礼者引旧记之言。"

⑥蛾（yǐ）子时术之：旧注说，蚂蚁不停地衔土，最终垒成了土丘。蛾，蚂蚁。

【译文】

古代的教育，二十五家的闾有塾，五百家的党有庠，一万二千五百家的遂有序，天子、诸侯的国都有学。每年有新生入学，隔一年考核一次。入学一年后，考核句读能力并辨别学习兴趣的方向；入学三年后，考核是否专心课业且善于合群；入学五年后，考核是否精专广博且敬爱师长；入学七年后，考核讲论学问及识人交友的能力；完成七年学习，通过考核，称为小成。入学九年后，知道触类旁通，能独立、有原则而不违反师教，称为大成。学业大成后，就足以教化人民、改变风俗，使亲近的人心悦诚服，而远方的人都来归附。这就是大学之道。《记》说："蚂蚁不停地衔土，终于垒成了土堆。"说的就是这个意思吧。

5. 大学始教，皮弁祭菜①，示敬道也。《宵雅》肄三②，官其始也③。入学鼓箧④，孙其业也⑤。夏、楚二物⑥，收其威也。未卜禘不视学⑦，游其志也⑧。时观而弗语，存其心也。幼者听而弗问，学不躐等也⑨。此七者，教之大伦也。《记》曰："凡学，官先事，士先志。"其此之谓乎。

【注释】

①皮弁：即皮弁服，一种礼服名。祭菜：祭菜礼，将菜置放在先圣、先师的神位前进行祭祀典礼。

②《宵雅》：即《小雅》。宵，小。肄三：学习三篇诗歌。郑注说是《鹿鸣》《四牡》《皇皇者华》三篇。肄，习。

③官其始：劝诱初学学生立志任官事上。郑注认为，安排学生学习《小雅》这三篇诗歌，都属于君臣宴乐、犒劳辛苦的内容，可以劝诱学生为事上的意愿。

④鼓箧：一种入学的仪式。开学时，大胥之官击鼓以召集学生，到齐后，打开书箱，取出书籍。

⑤孙（xùn）：通"逊"，敬顺。

⑥夏、楚：两种教鞭，夏是用榎木制作的，楚是用荆条制作的。

⑦视学：孔疏谓即考校评判优劣。

⑧游：优游从容。

⑨躐（liè）：超越。

【译文】

大学开学时，穿着皮弁服，在先圣先师神位前祭菜，表示敬重师道。诵习《小雅》中的三篇诗歌，这是为了诱导学生在开始学习时就立志做官事奉君王。入学时，击鼓召集学生，打开书箱取出书籍，使学生敬顺学业。使用夏、楚两种教鞭威慑违规的学生，收敛他们的气势。天子、诸侯没有经过占卜举行禘祭，不到学校视察考核，使学生志意从容宽松，学习不会紧迫急切。教师注意观察学生，却不事事叮咛，让学生动脑筋、存疑问，培养独立思考的能力。年幼的学生只听讲而不随意提问，因为学习不能逾越等级。这七项，就是教学的大纲。《记》说："凡是学习，学做官就先学为官之事，学做士就先学学士之志。"说的就是这个意思吧。

6. 大学之教也，时教必有正业①，退息必有居学②。不学操缦③，不能安弦；不学博依④，不能安《诗》；不学杂服⑤，不能安礼；不兴其艺，不能乐学。故君子之于学也，藏焉，修焉，息焉，游焉。夫然，故安其学而亲其师，乐其友而信其道。是以虽离师辅而不反⑥。《兑命》曰："敬孙务时敏⑦，厥修乃来⑧。"其此之谓乎。

【注释】

①时教：因时施教。正业：孔疏说，即先王正典，而非诸子百家。朱熹将"时"字属上句，读为"大学之教也时"，认为即春夏读礼乐，秋冬读诗书。

②居学：指居家休息时的辅助性的学习。以下"安弦"、"博依"、"杂服"、"兴艺"等，都是"居学"的内容。

③操缦：操弄琴弦。缦，弦索。

④博依：广博的譬喻。《诗》善用比兴的写作手法，读者必须博学多闻，知道天地万物草木、鸟兽、虫鱼之事，才能理解《诗》的内在意涵。

⑤杂服：据郑注，指各种弁冕、服饰。

⑥辅：指朋友。

⑦孙（xùn）：通"逊"。

⑧厥：其。修：修正业，指修业的成果。

【译文】

大学的教学，要因时施教安排授课内容，教学内容必是先王的正典，课后休息必有各种在居所的学习。不学拨弄琴弦的指法，就不能把琴弹好；不广博地学习比兴比喻，就不能真正领会理解《诗》义；不学习各种服饰弁冕知识，就不能很好操持执行礼典礼仪；不喜好精深博雅的技艺，就不能有乐趣地学习。所以，君子对于学习这件事，时刻怀藏着学习的心愿，不断地研修肄习，休息时不忘学习，游乐时也不忘学习。这样一来，才能安心学习并亲近师长，快乐地与朋友交往，而信奉所学的道理。所以，即使离开师友也不会违反所学的道理。《说命》说："敬重道义，谦逊问学，努力学习，时刻学习，尽快实行，那修业的成果才会到来。"说的就是这个意思吧。

7. 今之教者，呻其佔毕①，多其讯言②，及于数进③，而不顾其安④，使人不由其诚⑤，教人不尽其材。其施之也悖，其求之也佛⑥。夫然，故隐其学而疾其师，苦其难而不知其益也，虽终其业，其去之必速。教之不刑⑦，其此之由乎。

【注释】

①呻其佔（chān）毕：指教师不懂经义，只会照本宣科吟读简册，而无法为学生诠释义理。郑注："呻，吟也。佔，视也。简谓之毕。"佔，视。毕，简册。

②讯：王引之说，应读为"诤"。"多其诤言"，即多其告语，指不等学生自己思考领悟，就告诉学生。

③及于数进：汲汲于求速进。及，通"汲"，汲汲。数，读为"速"。

④安：通晓。

⑤使人：即教人。

⑥佛：通"拂"，乖戾。

⑦刑：成功。

【译文】

今天的教师，只知道照本宣科拿着简册吟读，不等学生自己思考领悟就生硬灌输，急急忙忙只求进度，而不管学生是不是真的通晓道理，教授学生不是诚心诚意的，给学生传授知识也有所保留。教师施教就违背常理，学生求学也拂逆。正因如此，所以学生厌恶学习而且痛恨自己的教师，畏惧学习，感到痛苦，而不知道学习的好处。即使完成了学业，也必然很快地会忘掉学过的东西。教育之所以不能成功，应该就是这个原因吧。

8. 大学之法，禁于未发之谓豫①，当其可之谓时，不陵节而施之谓孙②，相观而善之谓摩。此四者，教之所由兴也。

【注释】

①豫：预备，预防。
②陵节：超越阶段。孙（xùn）：通"逊"，顺也。

【译文】

大学教育的方法是，在邪念未萌发之时就加以防止，这叫作预防；在可以接受教育之时就加以教育，这叫作适时；不超越阶段而循序渐进地施教，这叫作顺序；互相观察而学习别人的优点，这叫作观摩。这四项，是教育之所以能兴盛的方法。

9. 发然后禁，则扞格而不胜①；时过然后学，则勤苦而难成；杂施而不孙，则坏乱而不修；独学而无友，则孤陋而寡闻；燕朋逆其师②；燕辟废其学③。此六者，教之所由废也。

【注释】

①扞（hàn）格：抵触。

②燕：轻慢。

③燕辟：郑注云："亵师之譬喻。"

【译文】

在邪念萌发后才加以禁止，就抵触抗拒而不能战胜邪念；在过了应当学习的年纪之后才学习，就会劳累辛苦而难有成效；教学杂乱而不依顺序，就搞乱搞坏了教学体系而无法治理；独自学习而没有朋友相互交流切磋，就会孤陋寡闻；轻慢朋友就会违背师教；轻慢老师教学的训喻，就会荒废学业。这六项，是教育之所以会失败的原因。

10. 君子既知教之所由兴，又知教之所由废，然后可以为人师也。故君子之教喻也，道而弗牵①，强而弗抑②，开而弗达。道而弗牵则和，强而弗抑则易，开而弗达则思。和易以思，可谓善喻矣。

【注释】

①道（dǎo）：导引。下同。

②强（qiǎng）：劝勉。

【译文】

君子已经知道教育之所以兴盛的方法，又知道教育之所以失败的原因，然后就可以为人师表了。所以君子教育学生时，引导而不牵制，劝勉而不压抑，启发思考而不说尽。引导而不牵制能使师生关系融洽，劝勉而不压抑能使学生学习时容易接受，启发而不说尽能使学生思考。使学生和顺，易于领会接受，又能独立思考，这就称得上善于教谕的了。

11. 学者有四失，教者必知之。人之学也，或失则多，或失则寡，或失则易，或失则止①。此四者，心之莫同也。知其心，然后能救其失也。教也者，长善而救其失者也。

【注释】

①止：指学者尚未知晓通透道理，却不肯请教咨问，以为自己所想的即是结论。孔疏认为，这种缺失在于自我阻碍，犯了"思而不学则殆"的毛病。

【译文】

学生容易产生四种过失，教师必须了解。人们学习时，有的失于贪婪求多，有的失于孤陋寡闻，有的失于肤浅而不知深究，有的失于自以为是而固步自封。这四项过失的产生，各自的心理是不同的。教师必须知道他们的心理，然后才能纠正他们的过失。教育，就是让学生发挥所长，并纠正他们的过失。

12. 善歌者，使人继其声；善教者，使人继其志。其言也约而达，微而臧①，罕譬而喻，可谓继志矣。

【注释】

①臧（zāng）：善也。

【译文】

善于唱歌的人，能使人感动而不知不觉地跟着唱；善于教育的人，能使人听懂他讲的道理、继承他的志向。言语简约而通达，精微而妙善，少用譬喻而意义明白，能够做到这几点的，就称得上是能使人继承志向的人。

13. 君子知至学之难易，而知其美恶，然后能博喻，能博喻然后能为师；能为师然后能为长，能为长然后能为君。故师也者，所以学为君也。是故择师不可不慎也。《记》曰："三王四代唯其师①。"此之谓乎。

【注释】

①三王：夏、殷、周三代之王。四代：三代加虞。

【译文】

君子知道到达学问之路的难易，而且知道学生的素质有好有坏，然后能广用比喻、因材施教。能广用比喻、因材施教，然后才能为人师表；能为人师表，然后才能做官长；能做官长，然后才能做国君。所以，跟着老师学习，就是在学习做国君。因此，选择老师不可不慎重。《记》说："三王、四代都是以老师为重。"说的就是这个意思吧。

14. 凡学之道，严师为难①。师严然后道尊，道尊然后民知敬学。是故君之所不臣于其臣者二：当其为尸，则弗臣也；当其为师，则弗臣也。大学之礼，虽诏于天子②，无北面，所以尊师也。

【注释】
①严：尊敬。
②诏：教。

【译文】
凡学习之道，最难的就是尊敬老师。老师受到尊敬，然后道才会受到尊重；道受到尊重，然后人民才知道认真学习。因此，国君不把臣子当作臣子看待，只有两种情况：一种是当臣子担任祭祀的尸时，就不敢把他看作是臣子。另一种是当臣子是自己的老师时，就不敢把他看作是臣子。大学的礼仪，虽然是给天子讲学，老师不必面向北方表示居臣位，就是为了表示尊敬老师。

15. 善学者，师逸而功倍，又从而庸之①。不善学者，师勤而功半，又从而怨之。善问者，如攻坚木，先其易者，后其节目，及其久也，相说以解②；不善问者反此。善待问者，如撞钟，叩之以小者则小鸣，叩之以大者则大鸣，待其从容，然后尽其声。不善答问者反此。此皆进学之道也。

【注释】
①庸：功劳。
②说（tuō）：通"脱"，解脱。

【译文】
善于学习的人，老师轻松而效果加倍，学生又从而归功于老师。不善于学习的人，老师辛勤而效果减半，学生又从而埋怨老师。善于发问的人，好比攻治坚硬的木材，要先从容易的部位开始，然后再砍伐坚硬的关节处，等到时间久了，木材就可以分解了；不善于发问的人正与此相反。善于回答问题的人，好比撞钟，小力地敲打钟声就小，用力地敲打钟声就大，让钟声从容不迫地发出回响，然后渐渐鸣响完。不善于回答问题的正与此相反。这都是推进学习的方法。

16. 记问之学，不足以为人师。必也其听语乎！力不能问，然后语之；语之而不知，虽舍之可也。

【译文】
只靠预先记诵书中的资料来给学生讲授的，不足以成为老师。必须是要听了学生发问后才加以解答吧！如果学生有疑惑却没有发问的能力，他才主动为学生解惑；如果为学生讲解了而学生仍然无法理解，先搁置一旁，以后再讲解也是可以的。

17. 良冶之子必学为裘①；良弓之子必学为箕②；始驾马者反之③，车在马前。君子察于此三者，可以有志于学矣。

【注释】

①冶：冶铸。为裘：以兽皮缝缀裘衣，把一片片的兽皮拼合成皮衣。

②为箕：畚箕必须弯曲柳条编制。本节前两句，李调元《礼记补注》认为，虽然冶铸与缝制裘衣、制弓与编制簸箕，表面上是不相关的事，但方法与道理却是可以借鉴学习的，作者是借此说明"学者贵于善悟也"，也就是举一反三的学习之道。

③始驾马：初学驾车的幼马。反之：据孔疏，指由大马驾车在前，而习驾的小马系在车后，一反大马驾车的常态，主要是为了让未曾驾车的小马免于因惊恐而奔驰。

【译文】

优秀的冶铸工之子，一定要学习缝制裘衣；优秀的制弓匠之子，一定要学习编制畚箕；刚开始学习驾车的幼马，与大马驾车的位置正相反，大车行在幼马前。君子明白了这三件事的道理后，就可以触类旁通，立志向学了。

18. 古之学者，比物丑类①。鼓无当于五声②，五声弗得不和；水无当于五色③，五色弗得不章；学无当于五官④，五官弗得不治；师无当于五服⑤，五服弗得不亲。

【注释】

①比物丑类：指排比并列各类事物。丑，郑注："犹
　　比也。"

②当：主也。五声：宫、商、角、徵、羽。

③五色：青、赤、黄、白、黑。

④五官：据《曲礼下》14节，指司徒、司马、司空、
　　司士、司寇。这里泛指政府各级官吏。

⑤五服：指斩衰、齐衰、大功、小功、缌麻五种丧服。
　　这是按照与死者的亲疏关系确定的穿着丧服的规
　　格、服丧时间长短、服丧内容的丧礼制度。

【译文】

古代的学者，喜欢排比并列各类事物。鼓，本不是五
声中的一项，而五声没有鼓的调节就不能和谐；水，本不
是五色中的一项，而绘画时若没有水的调和，五色就无法
彰显色彩；学，本不是五官中的一项，而五官若不通过学，
就无法学习治理之道；老师，本不在五服之中，而五服之
内的亲属不通过老师教导，就不知道应当怎样相亲近。

19. 君子曰："大德不官，大道不器，大信不
约，大时不齐。察于此四者，可以有志于学矣。"

【译文】

君子说："最大的德性不局限于任何官职，最高的道理

不拘泥于任何器用，最大的诚信不必符券约束，最要紧的天时不会将万物消长、荣枯、兴衰整齐划一。明白了这四项，就可以有志向学了。"

20. 三王之祭川也，皆先河而后海，或源也^①，或委也^②。此之谓务本。

【注释】

①源：据孔疏，指河。

②委：据孔疏，指海。

【译文】

夏、商、周三代君王祭祀河川，都先祭河再祭海，河是源头，海是众水所汇聚。这就叫作务求根本。

乐 记

郑玄《礼记目录》云："名曰'乐记'者，以其记乐之义。"

本篇所谓的"乐"不同于今天的音乐，它包含音乐、舞蹈（或兼诗歌）的表现形式。记文主要阐述乐的形成与功能，并论述礼乐的关系及影响等，因此题为"乐记"，是中国最早的音乐理论著作。刘向《别录》校书，得《乐记》二十三篇，今本《乐记第十九》乃将前十一篇合为一篇，各篇篇目及主旨为：一、乐本：论乐之起源，提出声、音、乐意义不同，并谈及乐的社会功能。二、乐论：论礼、乐之别，以及其各自的社会功能。三、乐礼：论礼乐与社会、天地、自然之关系。四、乐施：论乐与统治者的德行及事功的关系、礼乐的教化功能。五、乐言：论乐对性情的影响，圣王制乐必须深思。六、乐象：论乐对思想情绪的影响及乐教意义，另及礼乐之教化功能。七、乐情：论乐与情的关系、礼与乐之区别及社会功能。八、魏文侯：论古乐与郑卫之音之别、德音与溺音之异。九、宾牟贾：论周乐舞《武》的舞蹈结构、内容及意义。十、乐化：论乐对修养及人伦的教化作用，以及先王制《雅》、《颂》的意义。十一、师乙：论人性情不同，各有所宜之歌，且歌舞乃喜悦的自然流露。

近十年来，由于郭店楚墓竹简《性自命出》与上海博物馆藏战国楚竹书《性情论》两篇先后面世，《乐记》再度引起学界的高度关注。学者指出，这两篇出土简文的部分内容，其根本思想与《乐记》一致，如人性乃感于物而生情，乐则足以陶冶性情，发挥教化的社会功能等。

　　本篇《乐记第十九》，选释 28 小节，分属《乐本》、《乐论》、《乐礼》、《乐施》、《乐言》、《乐象》。

1. 凡音之起^①，由人心生也。人心之动，物使之然也。感于物而动，故形于声。声相应，故生变。变成方^②，谓之音。比音而乐之，及干戚羽旄谓之乐^③。

【注释】

①音：曲调。《乐记》中，"音"与"声"、"乐"相对，郑玄以为宫、商、角、徵、羽五音相杂调和谓之音，单出谓之声。

②方：声按照一定方式、形式排列组合，即曲调。

③干戚羽旄：跳舞时所持的四种舞具。干，盾。戚，斧形的器具。羽，雉羽。旄，旄牛尾。武舞执干盾，文舞执羽旄。本篇所谓"乐"，正是音乐与舞蹈的结合。

【译文】

音的缘起，是从人心所产生的。人心的灵动，是外界事物触发的结果。有感于外界事物而心动，所以用声表现出来。不同的声彼此应和，所以产生变化。变化而成为一定形式，就称作音。排列这些音而且配上乐器演奏，并手持干、戚、羽、旄跳舞，就称作乐。

2. 乐者，音之所由生也，其本在人心之感于物也。是故其哀心感者，其声噍以杀^①；其乐心感者，其声啴以缓^②；其喜心感者，其声发以散^③；其怒心感者，其声粗以厉；其敬心感者，其声直以廉；其爱心感者，其声和以柔。六者，非性也，感于物而后动。是故先王慎所以感之者。故礼以道其志，乐以和其声，政以一其行，刑以防其奸。礼乐刑政，其极一也，所以同民心而出治道也。

【注释】

①噍（jiāo）：急促。杀（shài）：衰微。

②啴（chǎn）：宽舒。

③发：扬。

【译文】

乐是从音产生的，它的根源在于人心感应外界的事物。因此当哀伤的心有所感应时，发出的声音是急促而悒郁的；当欢乐的心有所感应时，发出的声音是宽绰而舒缓的；当喜悦的心有所感应时，发出的声音是开朗而自由的；当愤怒的心有所感应时，发出的声音是粗暴而严厉的；当虔敬的心有所感应时，发出的声音是刚直而廉正的；当爱慕的心有所感应时，发出的声音是和美而温柔的。这六种声音，并非天性，而是受到外界事物感动才发生的。因此前代先王对于能感动人的事物十分慎重。所以用礼制来引导人民的心志，用音乐来和同人民的声音，用政治来齐一人民的行止，用刑法来防止人民的奸邪。礼、乐、刑、政，它们终极目标是一致的，都是用来统一人民思想而使社会安定、天下大治的。

3. 凡音者，生人心者也①。情动于中，故形于声。声成文②，谓之音。是故治世之音安以乐，其政和。乱世之音怨以怒，其政乖③。亡国之音哀以思，其民困。声音之道，与政通矣。

【注释】

①生人心者也：本篇6节作"生于人心者也"。

②文：指文采，"成文"与第1节"成方"意同，合成为一定的形式，即曲调。

③乖：反常，不和谐。

【译文】

音是产生于人的内心的。感情在心中激宕，因此表现为声。声组合成一定形式的曲调，就称作音。所以治世之音安详而喜乐，表示政治和谐。乱世之音怨恨而愤怒，表示政治混乱。亡国之音悲哀而忧郁，表示人民困苦。声音的道理，与政治是相通的。

4. 宫为君，商为臣，角为民，徵为事，羽为物①，五者不乱，则无怗懘之音矣②。宫乱则荒，其君骄；商乱则陂③，其官坏；角乱则忧，其民怨；徵乱则哀，其事勤；羽乱则危，其财匮。五者皆乱，迭相陵④，谓之慢，如此则国之灭亡无日矣。

【注释】

①宫、商、角、徵（zhǐ）、羽：我国古代五声音阶中的五个音级，略相当于简谱中的1、2、3、5、6，

称为"五音"或"五声"。这里的宫、商、角、徵、羽，不是指五个单音，而是曲调的调式。

②怗滞（zhānchì）：敝败不和。

③陂（bì）：倾。

④迭（dié）：互。

【译文】

宫是君，商是臣，角是民，徵是事，羽是物。宫、商、角、徵、羽，五种调式都不混乱，就不会有不和谐的声音了。宫调混乱，音调就散漫，象征君主骄纵；商调混乱，音调就倾颓，象征吏治腐败；角调混乱，音调就忧郁，象征人民怨恨；徵调混乱，音调就哀伤，象征役事劳苦；羽调混乱，音调就危殆，象征财用匮乏。五种调式都发生混乱，彼此侵凌干犯，就叫做慢。如此，国家灭亡的日子也就不远了。

5. 郑、卫之音①，乱世之音也，比于慢矣。桑间濮上之音②，亡国之音也，其政散，其民流③，诬上行私而不可止也。

【注释】

①郑、卫之音：指春秋时期郑、卫两地的音乐。孔子以为"郑声淫"（《论语·卫灵公》），而且"恶郑声之乱雅乐"（《论语·阳货》）；又本篇记子夏的批评更为具体，子夏认为郑、卫之音皆属陷溺人心的"溺音"："郑音好滥淫志"、"卫音趋数烦志"。

此外，战国中晚期的出土文献，对郑、卫之音的观感亦同，郭店楚墓竹简《性自命出》、上海博物馆所藏战国楚竹书《性情论》皆作："郑、卫之乐，则非其声而纵之也。"谓郑、卫之间的音乐皆非雅正之声，而是放纵不知节制之音，与传世文献可互相印证。

②桑间濮上之音：濮水之上有桑间，属卫地。据《史记·乐书》，卫灵公访问晋国，在濮水之上听到一首乐曲，命乐师师涓记下。到了晋国，师涓为晋平公献奏，曲未终了，晋平公乐师师旷即按住乐器，制止师涓继续演奏。平公不知何故，师旷答说，那乐曲是殷纣王乐师师延为纣王作的靡靡之音，武王伐纣，师延投濮水自尽，那是亡国之音。《史记·乐书》正义、《韩非子·十过》也有类似记载，可参看。

③流：放纵，不受约束。

【译文】

郑、卫两地的音乐，是乱世之音，已接近于慢了。桑间濮上的音乐，是亡国之音，它象征着政教散乱，人民放纵，臣下犯上欺上、图谋私利而无法遏止。

6. 凡音者，生于人心者也；乐者，通伦理者也。是故知声而不知音者，禽兽是也；知音而不知乐者，众庶是也。唯君子为能知乐。是故审声以知音①，审音以知乐，审乐以知政，而治道备矣。是故不知声者不可与言音，不知音者不可与言乐。知乐，则几于礼矣②。礼乐皆得，谓之有德。德者，得也。是故乐之隆，非极音也；食飨之礼③，非致味也。《清庙》之瑟④，朱弦而疏越⑤，一倡而三叹，有遗音者矣。大飨之礼⑥，尚玄酒而俎腥鱼⑦，大羹不和⑧，有遗味者矣。是故先王之制礼乐也，非以极口腹耳目之欲也，将以教民平好恶而反人道之正也⑨。

【注释】

①审：审察，研究。

②几：接近。

③食（sì）飨（xiǎng）之礼：食礼和飨礼，古代招待宾客及宗庙祭祀的礼仪，具体仪式仪节已不得而知。

④《清庙》：《诗经·周颂》篇名。周人祭祀先祖文王时演奏的乐章。

⑤朱弦：即"练朱弦"，指弹奏的琴弦是经过练制并染红的。古代以水煮生丝叫做"练"，经过练制的琴弦，声音较低沉稳重，符合宗庙音乐的需求。疏：通。越：瑟底孔。战国早期曾侯乙墓出土漆瑟，瑟底板前后两端各有一个椭圆形孔，即"越"。孔疏引熊氏说"瑟两头有孔"，出土实物正相合。该孔有调节琴音的作用，孔小则声急促，孔大则声舒迟。

⑥大飨之礼：合祭先王的祭礼。

⑦玄酒：指水，在祭礼中以水当酒。腥鱼：生鱼。

⑧大羹：不调以盐、菜的肉汁。

⑨平好恶：据孔疏即"均平好恶"，节制、调节好恶
之情。

【译文】

音产生于人的内心，乐是可以通达人事伦理的。因此，禽兽只懂得声而不懂得音；庶民大众只懂得音而不懂得乐。唯有君子是能够懂得乐的。因此，从审察声而懂得音，从审察音而懂得乐，从审察乐而懂得政治，这样，治理国家的道理就完备了。不懂何谓声的人，就不能与他讨论音；不懂何谓音的人，就不能与他讨论乐。懂得了乐，就接近于懂得礼了。礼、乐都懂，都有心得，称之为有德。德，就是有得于礼乐。所以，乐的规模盛大隆重，不是为穷极地满足对音乐欣赏；举行食飨之礼，不是为穷极地满足对美味的享受。伴奏《清庙》乐章的瑟，拨着红色的弦，疏通琴底的调音孔，一人领唱，三人应和咏叹，形式简朴但余音袅袅。大飨之礼，将实为清水的玄酒放在上位，俎上摆置的是未经烹调的生鱼，肉汁里不用盐、菜调和，食物简单却余味无穷。所以，先王制礼作乐，并不是用以穷极口腹耳目等感官的欲望，而是用以教导人民节制欲望、平衡好恶，进而归返人性的正道。

7. 人生而静①，天之性也；感于物而动，性之欲也。物至知知②，然后好恶形焉。好恶无节于内，知诱于外，不能反躬，天理灭矣③。夫物之感人无穷，而人之好恶无节，则是物至而人化物也④。人化物也者，灭天理而穷人欲者也。于是有悖逆诈伪

之心，有淫泆作乱之事。是故，强者胁弱，众者暴寡，知者诈愚，勇者苦怯，疾病不养，老幼孤独不得其所，此大乱之道也。

【注释】

①静：平静，指人初生时没有外物的影响，还没有情感、欲望的躁动。

②知（zhì）知：前"知"同"智"，指心智；后"知"为感知、知晓。

③天理：上天之理，犹天性，指天所决定的人的本性，即天赋善性。

④人化物：人化于物，即人天赋的善性受外物影响而异化。

【译文】

人生之初是平静的，没有情欲的躁动，这是天赋的本性；感受到外物影响而心动，这是人的本性产生的欲求。外物来到，人性的智便不断地感知它，然后内心就表现出好恶。如果好恶在内心无法制约，智又被外物诱惑，不能回到自身初生时平静的本性，天理就泯灭了。外物对人的影响是无穷尽的，倘若人的内心好恶没有节制，这样，随着外物的到来，人就渐渐被物化了。人被物化，就会泯灭天理而穷尽欲求。于是就有了悖乱叛逆、狡诈虚伪之心，有了骄纵淫逸、为非作乱之事。所以，强者胁迫弱者，多数欺侮少数，聪明人欺骗愚钝者，胆大的凌辱胆小的，有病的人无法治病疗养，老人、幼童、丧父的孤儿、丧子的独身老人，都找不到安置之所，这是导致国家社会大乱之道。

8. 是故先王之制礼乐，人为之节。衰麻哭泣^①，所以节丧纪也^②；钟鼓干戚，所以和安乐也；昏姻冠笄^③，所以别男女也；射乡食飨^④，所以正交接也。礼节民心，乐和民声，政以行之，刑以防之。礼乐刑政，四达而不悖，则王道备矣。

【注释】

①衰（cuī）麻：指丧服，用粗麻布制成。丧礼规定，死者亲属按照亲疏远近关系要穿着斩衰、齐衰、大功、小功、缌麻等不同的丧服，服丧时间各不相同，并须严格遵守相关的规定。哭泣：指丧礼中各种有关哭泣的规定。

②丧纪：丧事。

③昏姻：即"婚姻"。昏，同"婚"。冠笄（jī）：指男女的成年礼。古代男子二十而冠（加冠），行冠礼，取字，许婚；女子十五而笄（加笄），行笄礼，许嫁。笄，簪子。

④射：大射礼。乡：乡饮酒礼，举行射礼时饮酒为礼。

【译文】

所以，先代君王制礼作乐，使人以此节制自己。如制定丧服与哭泣的礼仪，这是用来节制丧事的；制定钟鼓干戚乐舞礼制，这是用来调和安乐的；制定婚礼、冠礼、笄礼，这是用来区别男女的；制定射礼、乡饮酒礼、食礼、飨礼，这是用来规范交际的。礼可以节制民心，乐可以和合民声，政可以推行国政，刑可以防止奸邪。礼、乐、刑、政，通达于四方而不悖乱，这样王道之治就完备了。

9. 乐者为同，礼者为异。同则相亲，异则相敬。乐胜则流①，礼胜则离②。合情饰貌者③，礼乐之事也。礼义立④，则贵贱等矣；乐文同⑤，则上下和矣。好恶著，则贤不肖别矣。刑禁暴，爵举贤，则政均矣。仁以爱之，义以正之，如此则民治行矣。

【注释】

①乐胜则流：乐的功能是使人和合亲近，若用乐过度，则容易发生轻慢不敬。胜，过度。流，放任失敬，不讲尊卑。

②礼胜则离：礼的功能在使人分别远近亲疏，若用礼过度则使人疏离不和。

③合情：调和内在的感情，这是乐的功能。饰貌：修饰外在的行为仪态，这是礼的功能。

④义：仪。

⑤乐文：指乐曲。

【译文】

乐是为了和合情感，礼是为了区别差异。情感和合就能彼此亲近，区别差异就能互相尊敬。乐如果过度就会轻慢不敬，礼如果过度就会疏离失和。调和感情、修饰行为仪态，这是礼和乐的功能。礼仪确立，贵贱等级就分明了；乐曲和谐，上下关系就和睦了。喜好与厌恶明确，贤人与不肖，好人与坏人就分清了。用刑罚来禁止暴虐，用爵位来选拔贤能，政治就平和清明。以仁来爱护人民，以义来管教人民。这样，就能把人民治理好了。

10. 乐由中出^①，礼自外作。乐由中出，故静；礼自外作，故文^②。大乐必易，大礼必简。乐至则无怨，礼至则不争。揖让而治天下者，礼乐之谓也。暴民不作，诸侯宾服，兵革不试，五刑不用^③，百姓无患，天子不怒，如此则乐达矣。合父子之亲，明长幼之序，以敬四海之内，天子如此，则礼行矣。

【注释】

①中：内心。出：产生。

②文：文饰，文采，指仪式、仪节。

③五刑：参《王制》32节注⑤。

【译文】

乐是从内心产生的，礼是从外表反映的。乐从内心产生，所以就平静；礼从外表反映，所以就显现文采。大乐一定是平易的，大礼一定是简单的。乐教施行了，就没有怨恨；礼教施行了，就不会相争。靠着谦让就能治理天下的，说的就是礼乐了。不会有暴民暴乱，诸侯臣服于天子，武器军备不动用，五刑不施行，百姓没有忧患，天子不必恼怒，这样，乐教的目的就达到了。使四海之内父子亲情融合，长幼秩序分明，人人尊敬天子，这样，礼的教化就推行了。

11. 大乐与天地同和，大礼与天地同节。和故百物不失①，节故祀天祭地。明则有礼乐，幽则有鬼神②，如此则四海之内合敬同爱矣。礼者，殊事合敬者也；乐者，异文合爱者也。礼乐之情同③，故明王以相沿也，故事与时并④，名与功偕⑤。

【注释】

①不失：指不失其本性。

②幽：幽冥世界，与人间相对。

③礼乐之情同：指礼乐虽然殊事异文，但是其合敬同爱的内在精神却是一致的。情，犹精神。

④事与时并：行事须因应时宜，视时而起事。事，指礼。

⑤名与功偕：乐名都与功业匹配。据说，圣王制乐，都依得天下之功而名乐曲，如尧作《大章》、舜作《大韶》、禹作《大夏》、汤作《大濩》、武王作《大武》等皆是。名，指乐。

【译文】

大乐与天地一样协和万物，大礼与天地一样节制万物。因为能协和，所以万物不失本性；因为有节奏，所以用以祭祀天地。人世间有礼乐教育教化，幽冥中有鬼神佑护扶持，这样，四海之内就能使人民互相尊敬、互相亲爱。礼，以不同的仪节使人彼此敬重；乐，以不同形式的乐曲使人亲近相爱。礼与乐的精神作用是相同的，所以圣明的君王都重视礼乐，世代沿袭，因此，圣王所定礼仪与所处时代相符，所制乐名与所建功业相称。

12. 故钟鼓管磬①，羽籥干戚②，乐之器也；屈伸俯仰，缀兆舒疾③，乐之文也。簠簋俎豆④，制度文章，礼之器也；升降上下，周还裼袭⑤，礼之文也。故知礼乐之情者能作，识礼乐之文者能述。作者之谓圣，述者之谓明。明圣者，述作之谓也。

【注释】

①管：吹管乐器的通称。"钟鼓管磬"与下列"羽籥干戚"都是"乐之器"，前者为演奏之乐器，后者为跳舞之舞具。

②籥：编管乐器，也可作为舞具。《诗经·邶风·简兮》："左手执籥，右手秉翟。"文舞执羽籥，武舞执干戚。

③缀：舞队的位置。兆：舞队的活动界域。舒疾：指舞蹈节奏舒缓与急促。

④簠（fǔ）簋（guǐ）：都是盛放黍稷稻粱等饭食的器具，簠为长方形，簋则多为圆形。俎（zǔ）：用以盛放牲体的食器。豆：盛放肉的食器。

⑤周：环绕。还（xuán）：转体。裼（xī）袭：古代的

礼服制度，裼指袒开外衣而露出部分里衣，不裼则称为袭；礼盛时以袭为敬，礼不盛时则以裼为敬。

【译文】

所以，钟鼓管磬，羽籥干戚，都是乐的表现器具；屈身、伸展、下俯、上仰，舞队定位、舞蹈范围、动作节奏舒缓急促，都是乐的表现形式。簠簋俎豆，衣食住行的仪节制度、图案文饰，都是礼的表现器具；升阶降阶、上堂下堂，环绕转身、袒露外衣掩住外衣，都是礼的表现形式。所以懂得礼乐精神和作用的人能够制作礼乐，懂得礼乐表现形式的人能够传授礼乐。能制作礼乐的人称为圣，能传授礼乐的人称为明。所谓明圣，就是传授礼乐、制作礼乐的意思。

13. 乐者，天地之和也。礼者，天地之序也。和，故百物皆化；序，故群物皆别。乐由天作，礼以地制。过制则乱，过作则暴。明于天地，然后能兴礼乐也。

【译文】

乐，象征天地的和谐。礼，象征天地的秩序。有和谐所以万物化生，有秩序所以万物有别。乐是按照天的道理而创作的，礼是按照地的道理而制作的。乐若过度就会造成秩序紊乱，礼若过度就会产生暴戾暴虐。明了天地运行的道理，然后才能制礼作乐。

14. 论伦无患^①，乐之情也；欣喜欢爱，乐之官也^②。中正无邪，礼之质也；庄敬恭顺，礼之制也。若夫礼乐之施于金石，越于声音，用于宗庙社稷，事乎山川鬼神，则此所与民同也。

【注释】

①论伦无患：裴骃《史记集解》引王肃说："言能合道，论中伦理，而无患也。"伦，伦理道德。

②官：功能。

【译文】

合乎伦理道德，对社会没有危害，是乐的精神；欣喜欢爱，是乐的功能。中正平和而无邪恶，是礼的本质；待人接物庄敬恭顺，是礼的作用。至于将礼乐借由金石乐器表现出来，透过声音传播出来，用于宗庙社稷的祭祀，用于山川鬼神的祭奠，这些则是天子与百姓相同的。

15. 王者功成作乐，治定制礼。其功大者其乐备，其治辩者其礼具^①。干戚之舞非备乐也，孰亨而祀非达礼也^②。五帝殊时，不相沿乐；三王异世，不相袭礼。乐极则忧，礼粗则偏矣。及夫敦乐而无忧^③，礼备而不偏者，其唯大圣乎。

【注释】

①辩：通"遍"。

②孰：同"熟"。亨：同"烹"。

③敦：厚，盛大。

【译文】

君王大功告成后就制作乐，政治安定后就制定礼。王道功业伟大的，所制作的乐就完备；治国政绩宏大的，所制定的礼就周全。拿着干戚跳跳舞不算完备的乐，烹熟食物祭祭神不是通达的礼。五帝时代不同，因此不互相沿袭乐制；三王时代不同，因此不互相沿袭礼制。乐，超过极限就会生发忧虑；礼，制作粗疏就会出现偏差。如果是能使乐盛大而又无忧虑，能使礼完备而无偏差，那只有大圣人才能做到吧！

16. 天高地下，万物散殊，而礼制行矣。流而不息，合同而化①，而乐兴焉。春作夏长，仁也；秋敛冬藏，义也。仁近于乐，义近于礼。乐者敦和，率神而从天②；礼者别宜，居鬼而从地③。故圣人作乐以应天，制礼以配地。礼乐明备，天地官矣④。

【注释】

①合同而化：合同阴阳，化育万物。

②率：遵循，遵从。

③居：遵循，遵从。

④天地官矣：天地的职能得以发挥。官，职能。

【译文】

天在上地在下，万事万物品类各异，为区别上下尊卑，因而制定了礼。天地之气流动不止，合和阴阳，化育万物，为表现调理燮和，因而兴起了乐。春天萌生夏天成长，体现了天地的仁；秋天收获冬天储藏，体现了天地的义。仁与乐相近，义与礼相近。乐能敦睦亲和，就是要遵循神的旨意而顺从天之道；礼能区别异同，就是要遵从鬼的旨意而顺从地之道。所以圣人制礼作乐，以配天地运行之道。礼乐制度明白完备，天地的职能就能够发挥了。

17-18. 天尊地卑，君臣定矣。卑高已陈①，贵贱位矣。动静有常，小大殊矣②。方以类聚③，物以群分，则性命不同矣。在天成象，在地成形，如此，则礼者天地之别也。地气上齐④，天气下降，阴阳相摩，天地相荡，鼓之以雷霆，奋之以风雨，动之以四时，煖之以日月⑤，而百化兴焉。如此，则乐者天地之和也。

【注释】

①卑高：据郑注，卑指泽，高指山，尊卑之位像山泽。这是借自然地势高低，喻人之贵贱。

②小大：泛指万物。

③方：郑注说"方，谓行虫也"，即走兽飞禽之类，亦泛指万物。

④齐（jī）：通"跻"，上升。

⑤煖：同"暖"。这里是照耀的意思。

【译文】

天高而尊，地下而卑，君臣尊卑取法天地而定。山高泽低自然形成，身份贵贱取法自然而定。天地阴阳的动静有一定规律，大小万物的差异就显现了。飞禽走兽，各以类聚；草木竹树，各以群分，万物天赋的禀性、生命是各不相同的。天空中日月星辰形成各种天象，大地上鸟兽草木生成各种形态，这样，礼就是用以显示天地万物的差异和区别的。地气上升，天气下降，阴阳交接摩擦，天地互相激荡，雷霆震响鼓动，风雨飞动振奋，四时运转更迭，日月光明照耀，而万物便就产生。这样，乐就是用以显示天地万物的协调与燮和的。

19. 昔者，舜作五弦之琴以歌《南风》①，夔始制乐以赏诸侯②。故天子之为乐也，以赏诸侯之有德者也。德盛而教尊，五谷时孰③，然后赏之以乐。故其治民劳者，其舞行缀远④；其治民逸者，其舞行缀短。故观其舞，知其德；闻其谥⑤，知其行也。

【注释】

① 《南风》：古诗歌名。此诗亦见《孔子家语·辨乐解》、《尸子》。"南风之薰兮，可以解吾民之愠兮。南风之时兮，可以阜吾民之财兮。"

② 夔（kuí）：舜时乐官。

③ 孰：同"熟"。

④ 舞行缀远：天子赏赐给诸侯的舞队规模小，人数少，舞蹈场地上为确定舞者的位置所设标记就隔得远。缀，为了舞队的整齐，舞蹈场地在舞者的位置上所

设标志的间隔。标志间隔远，表示舞队人数少，规模小；与后文"其治民逸者，其舞行缀短"正相反。

⑤谥（shì）：谥号。人死后依其德行功过所定的称号。

【译文】

从前，舜制作五弦琴以歌唱《南风》，乐官夔才开始制乐，用来赏赐给诸侯。所以天子制乐，是为了赏赐给有德的诸侯的。德行高尚而教化尊崇，五谷按时成熟丰收，那么就把乐赏赐给诸侯。所以，诸侯治理人民而使人民劳苦的，天子赏赐给诸侯的舞队规模小，人数少，舞蹈场地上为舞者的位置所设标记就隔得远；诸侯治理人民而使人民安逸的，天子赏赐给诸侯的舞队规模大，人数多，舞蹈场地上为舞者的位置所设标记就隔得近。所以观看诸侯所展示的舞蹈，就可以知道他的德行；听到诸侯死后的谥号，就知道他的行为。

20.《大章》①，章之也。《咸池》②，备矣。《韶》③，继也。《夏》④，大也。殷周之乐⑤，尽矣⑥。

【注释】

①《大章》：尧时乐名。章，彰明。

②《咸池》：黄帝时乐名。据郑注，"咸"有皆、遍之意，"池"通"施"，此乐名是指黄帝之德无所不施。

③《韶》：舜时乐名。据郑注："韶，绍也。"舜绍承尧，所以乐名"韶"。

④《夏》：禹时乐名。夏，大也，禹能光大尧舜之德，

所以乐名"夏"。

⑤殷周之乐：殷乐指《大濩》，周乐指《大武》。

⑥尽：指尽人事，是说殷周之乐表现文治武功达到了极致。

【译文】

《大章》，彰显尧的德治。《咸池》，表现黄帝之德遍施天下。《韶》，体现舜能继承尧志。《夏》，反映禹能光大尧舜之德。殷、周的乐，充分反映了当时的文治武功的盛况。

21. 夫豢豕为酒①，非以为祸也，而狱讼益繁，则酒之流生祸也②。是故先王因为酒礼。一献之礼③，宾主百拜④，终日饮酒而不得醉焉，此先王之所以备酒祸也。故酒食者所以合欢也，乐者所以象德也，礼者所以缀淫也⑤。是故先王有大事，必有礼以哀之；有大福，必有礼以乐之。哀乐之分⑥，皆以礼终。乐也者，圣人之所乐也，而可以善民心。其感人深，其移风易俗⑦，故先王著其教焉。

【注释】

①豢（huàn）：养。

②流：放纵无度。

③一献之礼：士的饮酒之礼，包含献、酢、酬三个基本仪节，献指主人向客人进酒，酢指客人以酒回敬主人，酬指主人再斟酒劝敬客人。

④百拜：泛指宾主彼此跪拜多次。行饮酒礼时，除了

基本的献酢酬之外，还包含许多仪节，宾主在各种
仪节进行时，必须互行拜礼，所以称"宾主百拜"。
参看《仪礼·乡饮酒礼》。

⑤缀：通"辍"，止也。

⑥分：分寸，程度。

⑦移风易俗：王引之说，"移风易俗"一句应从《汉
书·礼乐志》作"故其移风易俗易"，其说可从。

【译文】

养猪酿酒本为宴飨祭祀，不是为了制造祸患，而诉讼
官司日益频繁，就是因为饮酒放纵无度而造成的祸患。因
此，先王制定饮酒礼。饮酒行一献之礼，宾主之间须进行
种种拜礼，所以喝上一整天也不会醉倒，这是先王用来预
防喝酒酿祸的方法。所以，酒食是用来聚会同欢的，乐是
用来表现德行的，礼是用来防止淫逸的。因此，先王遇死
丧大事，一定用相应的礼来表示哀伤之情；遇吉庆大事，
一定用相应的礼来表示喜乐之心。哀伤与喜乐的程度，最
终都是合乎礼的规范。乐，是圣人所喜爱的，它可以使民
心向善。它可以感人至深，它容易移风易俗，改变民情民
俗，所以先王特别强调乐教。

22. 夫民有血气心知之性，而无哀乐喜怒之常，
应感起物而动，然后心术形焉①。是故志微、噍杀
之音作②，而民思忧。啴谐、慢易、繁文、简节之
音作③，而民康乐。粗厉、猛起、奋末、广贲之音
作④，而民刚毅。廉直、劲正、庄诚之音作，而民

肃敬。宽裕、肉好、顺成、和动之音作⑤，而民慈爱。流辟、邪散、狄成、涤滥之音作⑥，而民淫乱。

【注释】

①心术：心志，思想感情。

②志微：细微。噍杀：参本篇2节注①。

③啴（chǎn）谐：宽舒和谐。慢易：平缓。繁文：曲调曲折多变。简节：节奏徐缓。

④奋末：奋发，奋动。广贲：昂扬。贲，通"愤"。

⑤肉好：圆润。

⑥狄成：指音乐疾速。涤滥：指音乐如水之泛滥，往而不返。

【译文】

人生来就有血气、有感知外物的天性，而哀乐喜怒的情思却不是恒常不变的，都是对外物有所感应而产生激动，然后才有哀乐喜怒之情的表现。所以，细微、急促的音乐产生，人们就会感到忧郁。宽舒、平和、调子曲折而徐缓的音乐产生，人们就会感到康乐。激烈、威猛、奋发、昂扬的音乐产生，人们就会变得刚毅。廉正、厚重、端庄、诚恳的音乐产生，人们就会肃然起敬。宽和、圆润、流畅、和顺的音乐产生，人们就会变得慈爱。邪僻、怪诞、疾速无度、放纵散漫的音乐产生，人们就会变得淫乱。

23. 是故，先王本之情性，稽之度数①，制之礼义，合生气之和②，道五常之行③，使之阳而不散，阴而不密，刚气不怒，柔气不慑④。四畅交于中而发作于外⑤，皆安其位而不相夺也。然后立之学等，广其节奏，省其文采，以绳德厚。律小大之称⑥，比终始之序⑦，以象事行，使亲疏、贵贱、长幼、男女之理皆形见于乐⑧，故曰："乐观其深矣。"

【注释】

①稽：考核。度数：音律的度数。

②生气：天地所生的阴阳之气。

③道（dǎo）：引导。五常：金、木、水、火、土五行。

④慑（shè）：畏惧。

⑤四畅：阴、阳、刚、柔四气畅通。

⑥律：规范。小大：指音律高低。称：使之适合，使之合宜。

⑦比：按一定规律排列组合。

⑧形见（xiàn）：表现。

【译文】

因此，先王制乐根据人天生的情思心性，审核音律的度数，制定礼仪制度，融合阴阳二气化生万物的和谐，遵循五行相生相代的运行规律，使得阳气不流散，阴气不密闭，刚气不暴怒，柔气不畏惧。阴、阳、刚、柔四种气质在内部交合通畅，在外部抒发表现；四种气质各得其所而不互相干扰侵夺。然后，订立学习的进度等级，逐步增加学习乐节奏，审察乐章文采，用以考量德行之深厚。规范音律高低合度，排列音乐前后顺次，用以象征人事等级伦理的关系，使得亲疏、贵贱、长幼、男女的区别，都经由乐表现出来。所以说："通过乐可以深刻地观察社会！"

24. 凡奸声感人而逆气应之，逆气成象而淫乐兴焉。正声感人而顺气应之，顺气成象而和乐兴焉①。倡和有应②，回邪曲直各归其分，而万物之理各以类相动也。是故君子反情以和其志③，比类以成其行。奸声乱色不留聪明④，淫乐慝礼不接心术，惰慢邪辟之气不设于身体，使耳、目、鼻、口、心知、百体皆由顺正，以行其义⑤。

【注释】

①和乐（yuè）：和谐的音乐，与上文"淫乐"相对。

②倡：唱。和（hè）：应答。

③反情：返回人的天性，恢复天赋的善性。

④聪明：指耳与眼。

⑤义：宜。

【译文】

凡是奸邪的声音感染人，人们内心就产生邪逆之气来应和；内心的邪逆之气显现出来的时候，放荡淫乱的音乐就产生了。中正的声音感染人，人们内心就产生和顺之气来应和；内心的和顺之气显现出来的时候，和谐中正的音乐就产生了。唱与和彼此响应对答，回曲正直各自回归本分，而世上万事万物的道理，也一样是同类互相感动应答。因此君子回归天性以和谐心志，比照善类用以成就自身的德行。奸邪之声、迷乱之色不在耳朵、眼睛驻留；淫乱之乐、邪恶之礼不与心志相接，怠惰轻慢邪戾之气不让身体沾染，让耳朵、眼睛、鼻子、嘴巴、心智以及身体的各种部分都能循着和顺中正之气而得到正常的发展。

25. 然后发以声音，而文以琴瑟，动以干戚，饰以羽旄，从以箫管。奋至德之光，动四气之和，以著万物之理。是故清明象天，广大象地，终始象四时，周还象风雨①。五色成文而不乱②，八风从律而不奸③，百度得数而有常④，小大相成，终始相生。倡和清浊，迭相为经。故乐行而伦清，耳目聪明，血气和平，移风易俗，天下皆宁。故曰："乐者，乐也。"君子乐得其道，小人乐得其欲。以道制欲，则乐而不乱；以欲忘道，则惑而不乐。是故君子反情以和其志，广乐以成其教。乐行，而民乡方⑤，可以观德矣。

【注释】

①还（xuán）：旋。

②五色：青、赤、白、黑、黄，古人以五色、五音与五行相配，所以这里指宫、商、角、徵、羽五音与金、木、水、火、土五色。

③八风：东、南、西、北、东北、东南、西南、西北八方之风。这里指八音，即金、石、丝、竹、匏、

土、革、木八类乐器。

④百度得数而有常：指音乐节奏像昼夜计时百刻那样
有一定之规。百度，即百刻，古代计时分一昼夜为
一百刻。

⑤乡（xiàng）：通"向"。方：道。

【译文】

然后，用声音表达出来，用琴瑟来演奏，用干戚来舞
蹈，用羽旄来装饰，用箫管来伴奏。发扬最高之德的光辉，
感应四时之气的和谐，彰显天地万物的道理。所以，音乐
像天一样清明，像地一样广大，乐章终始有常像四季，乐
舞周旋往来像风雨。五音构成音乐，像五色一样不紊乱；
八种乐器和谐成律，像八风一样不侵夺；音乐的节奏变化，
像昼夜百刻一样有规律。音律的高低相辅相成，乐曲首末
承转呼应。唱和、清浊，相互交错，彼此糅和。所以，音
乐推行了，人事伦理清明，人会变得耳聪目明，血气平和，
移风易俗，天下安宁。所以说："音乐，就是快乐。"君子
乐在得到仁义之道，小人乐在满足欲望。用仁义之道来节
制欲望，就能快乐而不迷乱；由于欲望而忘却仁义之道，
就会迷乱而不快乐。所以，君子回归天赋的本性以和谐心
志，推广正乐以成就教化。音乐推行了，人民就向着正道
前行，这样正可以观察君子德行的高尚了。

26. 德者，性之端也；乐者，德之华也。金石
丝竹，乐之器也。诗，言其志也；歌，咏其声也；
舞，动其容也。三者本于心，然后乐器从之。是故

情深而文明①，气盛而化神。和顺积中而英华发外，唯乐不可以为伪。

【注释】

①文：文采。

【译文】

道德，是天性的根端；乐，是道德的花朵。金、石、丝、竹，是演奏乐的器具。诗篇可以表达乐的精神，歌咏可以传达乐的声音，舞蹈可以展现乐的仪容。心志、心声、仪容三者都是发自内心，然后以乐器配合演奏。所以乐的情意深刻而形象显明，气势旺盛而千变万化。和谐顺正的精神蓄积于心中，然后音乐的精彩才能展露出来，唯有乐是不可以作伪的。

27. 乐者，心之动也。声者，乐之象也。文采节奏①，声之饰也。君子动其本，乐其象，然后治其饰。是故先鼓以警戒②，三步以见方，再始以著往③，复乱以饬归④。奋疾而不拔，极幽而不隐。独乐其志，不厌其道；备举其道，不私其欲。是故情见而义立，乐终而德尊。君子以好善，小人以听过。故曰："生民之道，乐为大焉。"

【注释】

①文采：据郑注，"文采，乐之威仪也"，指音乐的规模构架。

②先鼓以警戒：此句至"极幽而不隐"是以周乐《大武》为例。

③再：第二段舞蹈。始：起始。据旧注，这是表现武王两次出征伐纣。

④乱：乐舞之终。饬归：整饬舞队，表现武王凯旋。

【译文】

乐，是内心感动的反映。声，是乐的表现手法。文采节奏，是声的加工修饰。君子天赋的本性受到感动，便以乐来展现，然后加工修饰文采节奏。所以，演出《大武》时要先击鼓以表示警戒，舞蹈开始时先举足跺脚三回，以表示舞队行进的方向；第二段舞蹈开始时，也一样要先举足跺脚三回，以表示舞队前往的方向，表现武王伐纣两次进兵；到舞蹈终结时，再整饬舞队表现武王凯旋。舞蹈动作迅疾而不紊乱，音乐意味深长而不隐晦。《大武》乐舞表现了武王实现灭商之志的欣喜，又不违背仁义之道；它充分地称扬仁义之道，不纵容个人的私欲。所以，《大武》乐舞表达了情感而又确立了义理；乐舞终了，而它所倡导的德行受到尊重。君子因此更加乐于行善，小人因此发现自己的过错。所以说："教育民众的方法，乐是最重要的了。"

28. 乐也者，施也；礼也者，报也。乐，乐其所自生，而礼反其所自始。乐章德，礼报情反始也。

【译文】

乐，是施予；礼，是报答。乐，是生自内心的欢乐，而礼是追念起始的先祖。乐是彰显德行，礼则是报答恩情，追念本始。

祭　法

　　郑玄《礼记目录》云："名曰'祭法'者，以其记有虞氏至周天子以下所制祀群神之数。"

　　"祭法"之题，郑玄《礼记目录》认为，本篇乃记载有虞氏至周朝制定祭祀天地群神的法度，故以"祭法"为题；任铭善《礼记目录后案》认为是以篇首之字命名。两说皆可成立。

　　本篇首节谈四代禘郊祖宗四祭之法，末节论圣王制祀之原则，与《国语·鲁语》"展禽论祭爰居非政之宜"之辞大同小异，学者多主张应是《祭法》录自《鲁语》，只是文字略异。此外，其他内容较为驳杂，不过皆与祭祀有关：或记祭祀百神之场所；或记天地万物生死之名及五代改变祭祀对象之祭；或记天子至庶人设庙祭祖之法度；或记天子以至庶人立社（土地神）制度；或记天子以至庶人所祭小神之名称与数量，章太炎《大夫五祀三祀辨》据"司命"、"泰厉"之小神名推论此乃采楚俗而成；或记天子以至庶人下祭未成年子孙之制。

　　本篇《祭法第二十三》，全篇选释。

1. 祭法：有虞氏禘黄帝而郊喾^①，祖颛顼而宗尧^②。夏后氏亦禘黄帝而郊鲧，祖颛顼而宗禹。殷人禘喾而郊冥，祖契而宗汤。周人禘喾而郊稷，祖文王而宗武王。

2. 燔柴于泰坛^①，祭天也；瘗埋于泰折^②，祭地也。用骍犊^③。埋少牢于泰昭^④，祭时也。相近于坎坛^⑤，祭寒暑也。王宫^⑥，祭日也；夜明，祭月也；幽宗，祭星也；雩宗，祭水旱也；四坎坛^⑦，祭四方也。山林、川谷、丘陵，能出云，为风雨，见怪物^⑧，皆曰神。有天下者，祭百神。诸侯，在其地则祭之，亡其地则不祭。

【注释】

①燔柴于泰坛：古代祭天，在祭坛上堆积薪柴，将玉帛与牺牲放在柴上燔烧，使祭祀的心意透过气味上达天神。燔柴，祭仪之一。泰坛，是为祭天而设的坛，在都城南郊。坛，堆土而成的高台。

②瘗（yì）埋于泰折：古时祭地，将缯帛牺牲埋于祭祀的地方，使祭祀的心意下通于地祇。瘗埋，是祭仪之一。瘗，埋。泰折，为祭地而设的土台，在都城北郊。

③骍（xīng）犊：赤色的小牛。骍，赤色马。

④少牢：以羊、豕为牺牲。埋少牢也是祭仪之一。泰昭：祭四时的坛名。

⑤相近：郑注认为是"禳祈"二字的声误，禳是禳却灾患之祭，祈是祈求福报之祭，寒于坎，暑于坛。

⑥王宫：与下列"夜明"、"幽宗"、"雩（yú）宗"，都是祭坛之名。

⑦四坎坛：祭四方东南西北各有一坎一坛，孔疏："坛以祭山林丘陵，坎以祭川谷泉泽。"

⑧见（xiàn）："现"的古字。

【译文】

在泰坛上堆柴焚烧玉帛、牺牲，使气味上达天神，这是祭天；在泰折坛上掩埋缯帛、牺牲，以下通地祇，这是祭地。两种祭祀都用赤色的小牛。在泰昭坛上掩埋羊、豕，这是祭四时。在坎穴、祭坛上进行禳祈仪式，这是祭寒暑。在王宫坛，是祭日神；在夜明坛，是祭月神；在幽宗坛，是祭星辰之神；在雩宗坛，是祭水旱之神；在四方各设一坎一坛，是祭四方之神。山林、川谷、丘陵能够形成云气，能呼风唤雨，出现怪物，这都是神。统治天下的人，要祭祀天地之间的各种神祇。至于诸侯，在他分封领地就祭祀那些神祇，失去了分封的领地就不再祭祀那些神祇。

3. 大凡生于天地之间者皆曰命，其万物死皆曰折，人死曰鬼，此五代之所不变也①。七代之所以更立者②，禘、郊、宗、祖，其余不变也。

【注释】

①五代：据郑注，指黄帝、尧、舜、禹、汤。

②七代：五代及其前之颛顼、帝喾。

【译文】

大体只要生于天地之间都叫作命，万物死亡都叫作折，人死了叫作鬼，这些名称是五代以来不曾改变的。七代以来所更动确立的，只有禘祭、郊祭、宗祭、祖祭四种祭祀的对象，其余的都没有改变。

4. 天下有王，分地建国，置都立邑①，设庙、祧、坛、墠而祭之②，乃为亲疏多少之数。是故王立七庙、一坛、一墠③。曰考庙，曰王考庙，曰皇考庙，曰显考庙，曰祖考庙，皆月祭之。远庙为祧，有二祧④，享尝乃止⑤。去祧为坛⑥，去坛为墠⑦。坛、墠，有祷焉祭之，无祷乃止。去墠曰鬼。诸侯立五庙、一坛、一墠。曰考庙，曰王考庙，曰皇考庙，皆月祭之；显考庙、祖考庙，享尝乃止。去祖为坛，去坛为墠。坛、墠有祷焉祭之，无祷乃止。去墠为鬼。大夫立三庙、二坛。曰考庙，曰王考庙，曰皇考庙，享尝乃止。显考、祖考无庙，有祷焉，为坛祭之。去坛为鬼。适士二庙、一坛⑧。曰考庙，曰王考庙，享尝乃止。显考无庙，有祷焉，为坛祭之。去坛为鬼。官师一庙⑨，曰考庙。王考无庙而祭之。去王考为鬼。庶士庶人无庙⑩，死曰鬼。

【注释】

①置都立邑：封给卿大夫采地及赏赐有功之士土地。

②庙：宗庙。祧（tiāo）：远祖庙。坛：祭坛。墠（shàn）：经扫除整洁可供祭祀的地面。

③七庙：指下列"考庙"至"祖考庙"五庙，加上二祧庙，共七庙。

④二祧：孙希旦《礼记集解》认为应指高祖之父、高祖之祖之庙。

⑤享尝：享祀与尝祀。此处泛指四时祭祀。

⑥去祧为坛：指从祧庙往上数一代的祖先，就设坛祭祀。

⑦去坛为墠：承注⑥，再往上数一代的祖先，就设墠祭祀。

⑧适士：据郑注，指上士。

⑨官师：据郑注，指中士、下士。

⑩庶士：府史之属。

【译文】

　　天下有天子统治，天子分封土地建立诸侯国，又为卿大夫及有功之士建置都邑，设立庙、祧、坛、墠四种祭祀制度，依地位尊卑确定所祭先祖的亲疏关系以及庙数与祭祀的多少。所以，天子设有七庙、一坛、一墠。一是考庙即父庙，二是王考庙即祖父庙，三是皇考庙即曾祖父庙，四是显考庙即高祖父庙，五是祖考庙即高祖父之父庙，五庙都按月祭祀。另外两庙是远祖庙，远祖庙就是祧庙，祧庙有二，按四时祭祀即可。祧庙往上数一代的祖先就设坛祭祀，从设坛所祭的祖先再往上数一代就设墠祭祀。设坛、墠祭祀的祖先，如果有所祈祷才祭祀，没有祈祷就不必祭祀。设墠祭祀的祖先再往上称为鬼。诸侯设有五庙、一坛、一墠。一是考庙，二是王考庙，三是皇考庙，三庙都按月祭祀；另外两庙——显考庙、祖考庙，按四时祭祀即可。祖考庙往上数一代的祖先设坛祭祀，从设坛所祭的祖先再往上数一代就设墠祭祀。设坛、墠祭祀的祖先，如果有所祈祷才祭祀，没有祈祷就不必祭祀。设墠祭祀的祖先再往上称为鬼。大夫设有三庙、二坛。一是考庙，二是王考庙，三是皇考庙，按四时祭祀即可。显考、祖考没有庙，如果有所祈祷，才设坛祭祀。显考、祖考以上的祖先称为鬼。上士设有二庙、一坛。一是考庙，二是王考庙，按四时祭祀即可。显考没有庙，如果有所祈祷，才设坛祭祀。显考以上的祖先称为鬼。中士、下士设有一庙，是考庙。王考没有庙，可在考庙祭祀他。王考以上的祖先称为鬼。庶士、庶人没有庙，死后称为鬼。

5. 王为群姓立社①，曰大社。王自为立社，曰王社。诸侯为百姓立社，曰国社。诸侯自为立社，曰侯社。大夫以下，成群立社②，曰置社。

【注释】

①群姓：百官以下至人民。社：土地神。此处指祭祀土地神的地方。

②成群立社：大夫以下不可独自立社，大夫与民群居，满一百家以上可共立一社。

【译文】

天子为百官众民立社，称为大社。天了也为自己立社，称为王社。诸侯为百姓立社，称为国社。诸侯也为自己立社，称为侯社。大夫以下包括士、庶人，聚居满百家就可以立社，称为置社。

6. 王为群姓立七祀①，曰司命②，曰中霤③，曰国门④，曰国行⑤，曰泰厉⑥，曰户，曰灶。王自为立七祀。诸侯为国立五祀，曰司命，曰中霤，曰国门，曰国行，曰公厉⑦。诸侯自为立五祀。大夫立三祀，曰族厉⑧，曰门，曰行。适士立二祀，曰门，曰行。庶士庶人，立一祀，或立户，或立灶。

【注释】

①七祀：祭祝七种在人间司察小过并发出警告的小神。

②司命：宫中小神。

③中霤：掌管堂室的小神。

④国门：掌管城门的小神。

⑤国行（háng）：掌管道路的小神。

⑥泰厉：古代没有后嗣的帝王，死后之鬼无所归依，喜欢作祟，因此必须祭祀。

⑦公厉：参注⑥，特指诸侯之鬼。由于诸侯称公，所以称"公厉"。

⑧族厉：参注⑥，特指大夫之鬼。由于大夫众多，死后之鬼也多，所以称"族厉"。族，众也。

【译文】

天子为百官众民设立祭祀七种神的典礼：一是司命之神，二是中霤之神，三是国门之神，四是国行之神，五是泰厉之神，六是户神，七是灶神。天子也为自己设立祭祀七种神的典礼。诸侯为国民设立祭祀五种神的典礼：一是司命之神，二是中霤之神，三是国门之神，四是国行之神，五是公厉之神。诸侯也为自己设立祭祀五种神的典礼。大夫设立祭祀三种神的典礼，一是族厉，二是门神，三是行神。上士设立祭祀两种神的典礼，一是门神，二是行神。庶士、庶人设立祭祀一种神的典礼，有的祭户神，有的祭灶神。

7. 王下祭殇五①：适子、适孙、适曾孙、适玄孙、适来孙②。诸侯下祭三，大夫下祭二，适士及庶人，祭子而止。

【注释】

①殇：未成年而死者。

②適（dí）：通"嫡"。下同。

【译文】

天子下祭其五代未成年而死的嫡系子孙：有嫡子、嫡孙、嫡曾孙、嫡玄孙、嫡来孙。诸侯下祭三代：嫡子、嫡孙、嫡曾孙，大夫下祭两代：嫡子、嫡孙，上士与庶人，只祭到嫡子一代而已。

8. 夫圣王之制祭祀也：法施于民则祀之，以死勤事则祀之，以劳定国则祀之，能御大菑则祀之，能捍大患则祀之。是故厉山氏之有天下也①，其子曰农，能殖百谷；夏之衰也，周弃继之②，故祀以为稷③。共工氏之霸九州也④，其子曰后土，能平九州，故祀以为社。帝喾能序星辰以著众，尧能赏均刑法以义终，舜勤众事而野死，鲧障洪水而殛死⑤，禹能修鲧之功，黄帝正名百物以明民共财，颛顼能修之，契为司徒而民成，冥勤其官而水死，汤以宽治民而除其虐，文王以文治，武王以武功去民之菑。此皆有功烈于民者也。及夫日月星辰，民所瞻仰也；山林、川谷、丘陵，民所取材用也。非此族也，不在祀典。

【注释】

①厉山氏：传说中的古帝王炎帝，起于厉山，故名厉

山氏，或烈山氏。

②弃：周先祖后稷的名字。

③稷：谷神。

④共工氏：传说中的古帝王，据孔疏，在大昊（伏牺氏）之后，炎帝之前。

⑤鲧障洪水而殛（jí）死：传说鲧因治水不成，被流放到羽山而死。孔疏认为，鲧虽治水失败，但仍对人民有微功，所以祭祀他。殛，流放。或说为诛杀。

【译文】

圣王制定祭祀制度规定：能实行法制于人民的就祭祀他，因勤劳国事而死的就祭祀他，因建立功劳平定国家的就祭祀他，能抵御重大灾害的就祭祀他，能抗御特大祸患的就祭祀他。所以，厉山氏统治天下时，他的儿子名农，能播种百谷；到夏朝衰微时，周族的弃继承了农，因此就把弃与农作为稷神来祭祀。共工氏称霸九州时，他的儿子名后土，能平治九州，因此就把后土作为社神来祭祀。帝喾能观测天空星辰运行次序而颁布于天下；尧能赏赐公平、依法行刑，并最终禅让于舜；舜因勤于众人之事而死于苍梧之野；鲧围堵洪水不成，遭到流放而死；禹能修正父亲鲧的办法而治服洪水；黄帝为百物确定了名称并教给人民，与人民共享天下财利；颛顼能修订黄帝之法；契担任掌教化的司徒之官而使人民受到熏陶；冥担任水官勤劳而死；汤用宽容之道治理人民而除去夏桀的暴政；文王以文韬治国；武王以武功为人民翦除商纣为虐之灾。以上这些都是对人民有功劳的人，所以要祭祀他们。至于日月星辰，是人民所瞻仰的；山林、川谷、丘陵，是人民获取财用的地方。这些与上述祭祀类别不同，所以不包括在此类祭祀中。

祭 义

郑玄《礼记目录》云:"名曰'祭义'者,以其记祭祀、斋戒、荐羞之义也。"

"祭义"之题,郑玄认为是因为内容记载祭祀、斋戒、荐羞的意义。具体而言,本篇主要阐释祭祀主敬的意义,同时述及孝悌祭先之道、养老尊长之义,可与《祭法》互相发明。其中"君子曰礼乐不可斯须去身"一节,谈礼乐能修身养性并治理天下的意义,与《乐记》(本书未选)大同小异,孔颖达认为重出的原因是由于作记者不同;但为何以祭祀为主的本篇亦见礼乐之道,任铭善《礼记目录后案》以为是取礼乐亦主庄敬之义,所以抄附于本篇。另,"曾子论孝"、"乐正子春下堂伤其足"两节,与《大戴礼记·曾子大孝》文字大体相同,内容虽未及祭祀,但皆与孝亲有关,作记者可能因此抄附于本篇,以足其义。

本篇《祭义第二十四》,选释 3 小节。

1. 君子曰："礼乐不可斯须去身①。"致乐以治心②，则易、直、子、谅之心油然生矣③。易、直、子、谅之心生则乐，乐则安，安则久，久则天，天则神。天则不言而信，神则不怒而威，致乐以治心者也。致礼以治躬则庄敬，庄敬则严威。心中斯须不和不乐，而鄙诈之心入之矣。外貌斯须不庄不敬，而慢易之心入之矣。故乐也者，动于内者也；礼也者，动于外者也。乐极和，礼极顺，内和而外顺，则民瞻其颜色而不与争也，望其容貌而众不生慢易焉。故德辉动乎内④，而民莫不承听；理发乎外⑤，而众莫不承顺。故曰："致礼乐之道，而天下塞焉⑥，举而错之无难矣⑦。"乐也者，动于内者也；礼也者，动于外者也。故礼主其减⑧，乐主其盈⑨。礼减而进，以进为文；乐盈而反，以反为文。礼减而不进则销，乐盈而不反则放，故礼有报而乐有反。礼得其报则乐，乐得其反则安。礼之报，乐之反，其义一也⑩。

【注释】

①斯须：须臾，片刻。

②致：深审，深入体会研究。

③子：慈爱。谅：信。

④德辉：郑注："颜色润泽。"指透过乐教，使厚德润泽内在。辉，同"辉"。

⑤理：指合礼的应对进退。

⑥塞（sè）：充满。

⑦错：通"措"，安置。

⑧减：简约。礼的仪节若过度繁缛，则易生倦心，失去敬意，所以主"减"。

⑨盈：充盈。乐的功能在和同人心，应该充满和顺之情，所以主"盈"。

⑩本节内容又见于《乐记》，文字基本相同。

【译文】

君子说："礼乐不可须臾离身。"深入体会用乐来修养心性，那么，平易、正直、慈爱、诚信的心就自然而然产生了。产生了平易、正直、慈爱、诚信的心就会感到喜乐，内心感到喜乐就能使心灵安定，心灵安定就能使生命长久，生命长久就能通达天理，通达天理就能出神入化。通达天理，不用说话就令人感到诚信可靠；出神入化，不须动怒就令人感到威严庄重，这就是深入体会用乐来修养心性啊！深入体会用礼来修养自身，就能显得端庄尊贵，外在端庄尊贵就有威严。内心如有片刻不和谐、不喜乐的话，鄙陋狡诈之心就会乘机侵入。外貌如有片刻不端庄、不敬谨的话，怠慢轻易之心就会乘机侵入。所以，所谓乐，是作用于内心的；所谓礼，是作用于外表的。乐能达到内心和谐，礼能达到外貌和顺，内心和谐而外貌和顺，那么人民瞻望他的表情而不会同他争抢，瞻望他的容貌而不会产生怠慢轻易之心。所以，德性润泽内在的修养，而人民没有不听从的；合礼的举止表现在外，而人民没有不顺从的。所以说："深入体会礼乐的道理，将礼乐之道运用于治理天下，天下就没有什么难事了。"所谓乐，是作用于内心的；所谓礼，是作用于外表的。所以，礼承担退减的功能，乐承担增盈的功能。礼承担退减的功能而令人自勉精进，通过自勉精进表现善与美；乐承担增盈的功能而令人归返本性，通过归返本性表现善与美。礼承担退减的功能而不自勉精进就会销蚀志意，乐承担增盈的功能而不归返本性就会放荡荒淫。所以，礼讲求往来报答而乐讲求返回本真。礼能做到往来报答就令人喜乐，乐能做到返回本真就令人心安理得。礼的往来报答，乐的返回本真，它们的意义是一致的。

2. 曾子曰："孝有三，大孝尊亲，其次弗辱，其下能养。"公明仪问于曾子曰①："夫子可以为孝乎？"曾子曰："是何言与！是何言与！君子之所谓孝者，先意承志，谕父母于道。参直养者也！安能为孝乎？"曾子曰："身也者，父母之遗体也。行父母之遗体，敢不敬乎？居处不庄，非孝也；事君不忠，非孝也；涖官不敬②，非孝也；朋友不信，非孝也；战陈无勇③，非孝也。五者不遂，灾及于亲④，敢不敬乎？亨孰膻芗⑤，尝而荐之，非孝也，养也。君子之所谓孝也者，国人称愿然，曰：'幸哉有子如此。'所谓孝也已。众之本教曰孝，其行曰养。养可能也，敬为难；敬可能也，安为难；安可能也，卒为难。父母既没，慎行其身，不遗父母恶名，可谓能终矣。仁者，仁此者也；礼者，履此者也；义者，宜此者也；信者，信此者也；强者，强此者也。乐自顺此生，刑自反此作。"曾子曰："夫孝，置之而塞乎天地，溥之而横乎四海⑥，施诸后世而无朝夕，推而放诸东海而准⑦，推而放诸西海而准，推而放诸南海而准，推而放诸北海而准。《诗》云⑧：'自西自东，自南自北，无思不服。'此之谓也。"曾子曰："树木以时伐焉，禽兽以时杀焉。夫子曰：'断一树，杀一兽，不以其时，非孝也。'孝有三：小孝用力，中孝用劳，大孝不匮。思慈爱忘劳，可谓用力矣。尊仁安义，可谓用劳矣。博施备物，可谓不匮矣。父母爱之，嘉而弗忘；父母恶之，惧而无怨。父母有过，谏而不逆；父母既没，必求仁者之粟以祀之。此之谓礼终。"

【注释】

①公明仪：曾子弟子，春秋鲁国人。

②涖官：居官。涖，临。

③陈（zhèn）：同"阵"。

④栽（zāi）：通"灾"。

⑤亨（pēng）：同"烹"。孰：同"熟"。羶（shān）：郑玄认为应是"馨"字之误。芗（xiāng）：通"香"。

⑥溥（fū）：通"敷"，传布，流布。

⑦放（fǎng）：至。准：准则。

⑧《诗》云：以下三句出自《诗经·大雅·文王有声》。

【译文】

曾子说："孝有三等：大孝是使父母受到他人的敬重，其次是不令父母蒙羞，最下等是只能养活父母。"公明仪问曾子说："老师您可以称得上孝吧？"曾子说："这是什么话呀！这是什么话呀！君子所说的孝，是在父母未张嘴说话之前就预先体察他们的心意，就按照他们的意志去做；并让父母知晓事物的道理。曾参我只不过是能养活父母而已！怎么能称得上孝呢？"曾子说："身体，是父母留给我们的。用父母给予的身体去行事，怎敢不敬慎呢？日常生活举止不庄重，是不孝；事奉君主不忠心，是不孝；身居官位不恭谨，是不孝；与朋友交往不讲信用，是不孝；临阵作战没有勇气，是不孝。这五件事做不到的话，灾祸就会延及父母，怎敢不敬慎呢？烹熟食物，馨香芬芳，自己试尝过，然后才进献给父母享用，这不是孝，只是奉养而已。君子所谓的孝，是做到让全国人都羡慕地称赞说：'真幸运呀，有这样的儿子！'这才是孝呀！教化众人的根本是孝，孝行就是奉养父母。平常的奉养还是可能做到的，一直保持敬慎之心去奉养就难了；以敬慎之心去奉养父母还是可能做到的，要让父母感到安适而快乐就难了；让父母感到安适而快乐还是可能做到的，要一直做到父母去世就难了。父母去世后，能谨慎行事，不让坏名声玷污了父母，这就称得上是终生行孝了。所谓仁，就是以孝行仁；所谓礼，就是以孝践履礼；所谓义，就是以孝做合宜的行为；所谓信，就是以孝为诚信；所谓强，就是以孝为强盛。喜乐由于顺应孝道而生，刑罚由于违反孝道而成。"曾子说:"孝,树立它而充塞于天地之间,传播它而横溢四海之内,施行于后世而没有一朝一夕片刻的停止,推行至东海而成为准则,推行到西海而成为准则,推行至南海而成为准则,推行至北海而成为准则。《诗经·大雅·文王有声》说:'从西从东,从南从北,没有不服从的。'说的就是这个意思。"曾子说:"树木要在适当的时节砍伐,禽兽要在适当的时节猎杀。孔子说:'砍断一株树,猎杀一头兽,若不在适当的时节,就是不孝。'孝有三等:小孝用体力,中孝用功劳,大孝不匮乏。想着父母的慈爱,努力耕作而忘记了劳累,可称为用体力的孝。能尊重仁德、安行道义,可称为用功劳的孝。在天下广施德教,国家繁荣而物品齐备,父母去世后天下都来助祭,可称为不匮乏之孝。父母疼爱自己,就喜乐而不敢忘怀;父母厌恶自己,就戒惧而没有怨恨。父母有过错,委婉劝谏而不违逆;父母去世后,再贫困也不能用不义之财侍奉亡亲,一定要用从仁者那里获得的粟米来祭祀父母。这就是所谓依礼行孝,善始善终。"

3. 乐正子春下堂而伤其足^①,数月不出,犹有忧色。门弟子曰:"夫子之足瘳矣^②,数月不出,犹有忧色,何也?"乐正子春曰:"善如尔之问也!善如尔之问也!吾闻诸曾子,曾子闻诸夫子曰:'天之所生,地之所养,无人为大。父母全而生之,子全而归之,可谓孝矣。不亏其体,不辱其身,可谓全矣。故君子顷步而弗敢忘孝也^③。'今予忘孝之道，予是以有忧色也。一举足而不敢忘父母，一出言而不敢忘父母。一举足而不敢忘父母，是故道而不径，舟而不游，不敢以先父母之遗体行殆。一出言而不敢忘父母，是故恶言不出于口，忿言不反于身，不辱其身，不羞其亲，可谓孝矣。"

【注释】

①乐正子春：曾子弟子，春秋鲁国人。

②瘳（chōu）：痊愈。

③顷（kuǐ）步：半步。顷，通"跬"，古人迈步行走，迈出一脚为跬，再交替迈出一脚为一步，所以跬为半步。

【译文】

乐正子春下堂时伤了脚，几个月不出门，脸上还有忧虑的神色。他的学生说："老师您的脚伤已经痊愈了，几个月养伤地不出门，脸上却还有忧虑的神色，这是为什么？"乐正子春说："你问得真好呀！你问得真好呀！我听我的老师曾子说，我的老师曾子听孔子说：'上天所生的，大地所养的，没有比人还大的了。父母完完整整地生下儿子的身体，儿子死后也要完完整整地归还父母，这就可以称得上孝了。不亏损自己的身体，不使自己蒙受恶名，这就可以称为完完整整归还父母了。所以君子半步也不敢忘记孝道。'现在我忘记了孝的道理，我因此有忧虑的神色。每迈出一步都不敢忘记父母，每说一句话都不敢忘记父母。由于每迈出一步都不敢忘记父母，所以走路时要走大道而不抄小路，过河时要乘坐舟船而不敢游水，这都是因为不敢用父母留给我们的身体去冒险。由于每说一句话都不敢忘记父母，所以坏话不出于自己的口中，怨恨的话也就不会反过来报复自己，不使自身受辱，不使父母蒙羞，就可以称得上孝了。"

经 解

郑玄《礼记目录》云:"名曰'经解'者,以其记六艺政教之得失也。"

"经解"之题,乃概括首节文意而得,其内容是解释《诗》、《书》、《乐》、《易》、《礼》、《春秋》六经对人民潜移默化的教育功能,一如郑玄《礼记目录》所释。皇侃认为,六经教化虽然各自有别,但总体都是以礼为本,所以作记者录入于礼。通篇只有首节内容与"经解"相关,其他文字则无直接关系,或记天子德配天地、能行仁义方可治天下,或记霸王必须以和、仁、信、义四器方能治民,或记治国之本莫若隆礼之要义。

本篇《经解第二十六》,全篇选释。

1. 孔子曰:"入其国,其教可知也。其为人也,温柔敦厚,《诗》教也;疏通知远,《书》教也;广博易良,《乐》教也;絜静精微^①,《易》教也;恭俭庄敬,《礼》教也;属辞比事^②,《春秋》教也。故《诗》之失^③,愚;《书》之失,诬;《乐》之失,奢;《易》之失,贼;《礼》之失,烦;《春秋》之失,乱。其为人也,温柔敦厚而不愚,则深于《诗》者也;疏通知远而不诬,则深于《书》者也;广博易良而不奢,则深于《乐》者也;絜静精微而不贼,则深于《易》者也;恭俭庄敬而不烦,则深于《礼》者也;属辞比事而不乱,则深于《春秋》者也。"

【注释】

①絜静精微:据孔疏,《易》对于人的启发,得正则获吉,得邪则获凶,可以戒慎己身不为淫滥之事,所以是絜静;而《易》的内涵能穷理尽性、明察秋毫,所以是精微。

②属(zhǔ):连缀。比(bì):排比。

③失:指过度强调而不能节制平衡各种教化功能,便会有所缺失。

【译文】

孔子说:"进入一个国家,观察民情风俗就可以知道国家的教化如何。一国人民的为人表现,如果是神情温柔、品性敦厚,那就是《诗》教的作用;如果是政见通达、洞悉史实,那就是《书》教的作用;如果是闻见广博、情性和顺，那就是《乐》教的作用；如果是神清心静、精深微妙，那就是《易》教的作用；如果是恭敬勤俭、庄重谨慎，那就是《礼》教的作用；如果是连缀文辞、排比史事，那就是《春秋》教的作用。所以，《诗》教若过度强调神情温柔、品性敦厚，会造成愚戆不智的失误；《书》教若过度强调政见通达、洞悉史实，会造成偏信诬妄的失误；《乐》教若过度强调闻见广博、情性和顺，会造成奢侈挥霍的失误；《易》教若过度强调神清心静、精深微妙，会造成戕害正理的失误；《礼》教若过度强调恭敬勤俭、庄重谨慎，会造成繁缛琐碎的失误；《春秋》之教若过度强调连缀文辞、排比史事，会造成安议生乱的失误。一国国民的为人表现，如果能神情温柔、品性敦厚而不愚戆不智，那便是深通《诗》教的成果；如果能政见通达、洞悉史实而不偏信诬妄，那便是深通《书》教的成果；如果能闻见广博、情性和顺而不奢侈挥霍，那便是深通《乐》教的成果；如果神清心静、精深微妙而不戕害正理，那便是深通《易》教的成果；如果能恭敬勤俭、庄重谨慎而不繁缛琐碎，那便是深通《礼》教的成果；如果能连缀文辞、排比史事而不妄议生乱，那便是深通《春秋》之教的成果。"

2. 天子者，与天地参，故德配天地，兼利万物，与日月并明，明照四海而不遗微小。其在朝廷则道仁圣、礼义之序^①，燕处则听《雅》、《颂》之音^②，行步则有环佩之声，升车则有鸾和之音^③。居处有礼^④，进退有度，百官得其宜，万事得其序。

《诗》云⑤："淑人君子，其仪不忒。其仪不忒，正是四国。"此之谓也。

【注释】

①道（dǎo）：引导。

②燕处：退朝而居。

③鸾和：鸾与和，都是马车上的装饰性的车铃，随着马跑车动而鸣响。

④居处：指在朝廷上及退朝而居时。

⑤《诗》：以下四句引自《诗经·曹风·鸤鸠》。

【译文】

天子，与天、地并列而为三，所以天子的德行与天地相配，恩泽普及万物，光辉与日月齐明，光照四海而不遗漏任何微小之处。天子在朝廷就要用仁、圣、礼、义的道德规范来引导臣下；退朝而居时，就欣赏《雅》、《颂》音乐；走路时，佩戴的玉环、玉佩随着脚步而有声；登车上路时，马车上鸾铃、和铃伴着车马行进而鸣响。在朝廷或居所，都合乎礼仪；进退举止，皆有法度，使百官各得其所，使万物生长能井然有序。《诗经·曹风·鸤鸠》说："那善良的君子，他的仪表美好无差错。他的仪表美好无差错，可以作为四国的表率。"就是说的这个意思。

3. 发号出令而民说谓之和①，上下相亲谓之仁，民不求所欲而得之谓之信，除去天地之害谓之义。义与信，和与仁，霸、王之器也。有治民之意而无其器，则不成。

【注释】

①说（yuè）：后作"悦"。

【译文】

发号施令而人民感到喜悦就称为和，上下之间彼此相亲相爱就称为仁，人民不须提出要求就能满足希望就称为信，除去天地之间的灾害就称为义。义与信，和与仁，是霸者、王者统治天下的工具。有治理人民的意愿却没有治理的工具，就不能成功。

4. 礼之于正国也，犹衡之于轻重也，绳墨之于曲直也，规矩之于方圆也。故衡诚县①，不可欺以轻重；绳墨诚陈，不可欺以曲直；规矩诚设，不可欺以方圆；君子审礼，不可诬以奸诈。是故，隆礼、由礼，谓之有方之士；不隆礼、不由礼，谓之无方之民。敬让之道也。故以奉宗庙则敬，以入朝廷则贵贱有位，以处室家则父子亲、兄弟和，以处乡里则长幼有序。孔子曰："安上治民，莫善于礼。"此之谓也。故朝觐之礼②，所以明君臣之义也。聘问之礼，所以使诸侯相尊敬也。丧祭之礼，所以明臣子之恩也。乡饮酒之礼，所以明长幼之序也。昏姻之礼，所以明男女之别也。夫礼，禁乱之所由生，犹坊止水之所自来也③。故以旧坊为无所用而坏之者，必有水败；以旧礼为无所用而去之者，必有乱患。故昏姻之礼废，则夫妇之道苦，而淫辟之罪多矣。乡饮酒之礼废，则长幼之序失，而争斗之狱繁矣。丧祭之礼废，则臣子之恩薄，而倍死忘生者众矣④。聘觐之礼废，则君臣之位失，诸侯之行恶，而倍畔侵陵之败起矣。故礼之教化也微，其止邪也于未形，使人日徙善远罪而不自知也，是以先王隆之也。《易》曰⑤："君子慎始，差若豪牦⑥，缪以千里⑦。"此之谓也。

【注释】

①县（xuán）：同"悬"。

②朝觐（jìn）：臣子朝见天子。

③坊：堤防。

④倍：通"背"，背弃。

⑤《易》：据孔疏，此《易·系辞》之文；今本《系辞传》未见。

⑥豪：通"毫"。牦：通"厘"。形容数量极小。

⑦缪（miù）：错误。

【译文】

礼对于统治国家的作用，就如同秤对于度量轻重，墨斗墨线对于测量曲直，圆规方尺对于画方角圆圈。所以，如果把秤挂上，度量轻重有了标准就不能任意欺骗人；墨斗线绳拉开，测量曲直有了标准就不能任意欺骗人；圆规方尺用起来，画方画圆有了标准就不能任意欺骗人；君子明辨于礼，就无法以奸诈来欺骗他。所以，重视礼、实践礼，称为有道的人；不重视礼、不实践礼，称为无道的人。这个道就是虔敬谦让之道。所以，以礼来侍奉宗庙祖先就会显得虔敬；让礼进入朝廷，就能使百官各有其位，贵贱各得其所；以礼来管理家庭，就能使父子相亲、兄弟和睦；以礼来治理乡里，就能使长幼有序。孔子说："使君主安心、治理百姓，没有比礼更好的。"说的就是这个意思。朝觐之礼，是用来明确君臣关系的。聘问之礼，是用来使诸侯之间互相尊敬的。丧、祭之礼，是用来表明臣下、人子对君、对父的感恩之情。乡饮酒之礼，是用来明确长幼之序的。婚姻之礼，是用来表明男女有别的。礼，防止纷乱的发生，就如同大堤防止水患的发生。所以，如果认为旧的大堤没有用处而加以破坏，就一定会发生水患；认为旧礼没有用处而予以废除，就一定会发生危乱之患。因此，如果废除婚姻之礼，那么夫妇之道就会有障碍，而奸淫邪僻的罪行就会增加。如果废除乡饮酒之礼，就会使长幼之间失去秩序，而争斗的狱讼就会增多。如果废除丧、祭之礼，那么臣下、人子就会薄情寡义，而背叛死者、忘记君父的人就会增多。如果废除聘问、朝觐之礼，那么君臣上下关系就遭到破坏，诸侯会行乱作恶，而背叛君王、侵凌他国的祸乱就会产生。所以，礼的教化作用是细微而隐蔽的，它在邪恶还没形成或产生时就予以防止，让人每天不知不觉中趋向善良、远离罪恶，因此先王特别重视它。《易》说："君子慎重对待事物的起始，一开始的差失仅仅只有一毫一厘，最后导致的错误就会有千里那么大。"说的就是这个意思。

缁　衣

　　郑玄《礼记目录》云："名曰'缁衣'者，善其好贤者厚也。《缁衣》，郑诗也。"

　　"缁衣"二字，见本篇第 2 节引用《诗经·郑风·缁衣》"好贤如《缁衣》"一句，故用以名篇。出土资料郭店楚墓竹简、上海博物馆藏战国楚竹书两篇简本《缁衣》皆无今本第 1 节文字。王锷《礼记成书考》认为今本第二章应该是原本首章，故取篇首文字命名，此说可从。"缁衣"本指黑色布帛所制的朝服，又指《郑风·缁衣》篇名，因首章"缁衣之宜兮"为题。

　　本篇议论主题多在君臣上下关系、君化民之道，也论及君子交友之道与言行准则等。行文风格明显，多先记孔子言论，再引《诗》、《书》、《易》等经文以证明，所引经文或断章取义，未必符合原作旨意。《隋书·音乐志》引梁朝沈约之言，认为本篇与《坊记》、《中庸》、《表记》四篇都取自已亡佚的《子思子》一书；任铭善《礼记目录后案》则认为本篇是《表记》的下篇，而与《坊记》三篇出于一人之手。无论三篇或四篇同出一人之手，其主要考察关键在于，文例多先议论后引书证。

　　今本《礼记·缁衣》现有两个出土的战国时期的版本可供比对研究，一是 1993 年在湖北荆门市郭店一号战国楚墓出土的简本《缁衣》篇（见《郭店楚墓竹简》，文物出版社，1998 年）；一是 1994 年上海博物馆从香港购回收藏的战国简本《缁衣》篇（见《上海博物馆藏战国楚竹书［一］》，上海古籍出版社，2001 年）。

　　本篇《缁衣第三十三》，全篇选释。

1. 子言之曰："为上易事也，为下易知也，则刑不烦矣。"

【译文】

孔子说："做君王的让臣下容易侍奉，做臣下的让君主容易了解，这样就不必多用刑罚了。"

2. 子曰："好贤如《缁衣》①，恶恶如《巷伯》②，则爵不渎而民作愿③，刑不试而民咸服。"《大雅》曰："仪刑文王，万国作孚④。"

【注释】

①《缁衣》：《诗经·郑风》篇名。诗旨是赞美郑武公好贤下士。

②《巷伯》：《诗经·小雅》篇名。诗旨是讽刺谗人并警告在位者应远离小人。

③渎：滥。愿：敬谨。

④"仪刑"两句：《大雅》，此诗句引自《诗经·大雅·文王》。孚，信。今本《毛诗》作"万邦作孚"。

【译文】

孔子说："如果喜爱贤人就如同《缁衣》所描写一般，厌恶坏人就如同《巷伯》所描写一般，爵位就不会滥授，而人民也会形成敬谨的风气，不必动用刑罚而人民都会服从。"《诗经》说："效法周文王，所有国家都会信服。"

3. 子曰："夫民，教之以德，齐之以礼，则民有格心^①；教之以政，齐之以刑，则民有遁心^②。故君民者，子以爱之，则民亲之；信以结之，则民不倍^③；恭以莅之，则民有孙心^④。《甫刑》曰^⑤：'苗民匪用命^⑥，制以刑，惟作五虐之刑曰法。'是以民有恶德，而遂绝其世也。"

【注释】

①格心：指向善、进取之心。格，至。

②遁心：指逃避刑狱、免于责罚之心。

③倍：通"背"，背叛。

④孙（xùn）：通"逊"，顺也。

⑤《甫刑》：即《吕刑》，《尚书·周书》篇名。甫字，郭店楚墓竹简《缁衣》、上海博物馆藏战国楚竹书《缁衣》皆作"吕"，吕、甫音近可通。该篇内容记西周刑罚，由吕侯受命而作，故名《吕刑》。

⑥苗民：指三苗部族，亦称有苗，原住在长江中游，后被驱赶到今敦煌三危山一带。匪：同"非"。命：政令。

【译文】

孔子说："人民，如果用道德来教育他们，用礼义来统领他们，那么，人民就有向善、进取之心；如果用政令来教训他们，用刑罚来统管他们，那么人民就只会有逃避刑狱、免于责罚之心。所以，领导人民的人，对待人民如同爱护自己的儿子，那么人民就会亲近他；如果秉持诚信来团结人民，那么人民就不会背叛他；如果以恭敬的心情来面对人民，那么人民就会有顺服之心。《甫刑》说：'三苗不听从政令，就制定刑罚，制作五种酷虐的刑罚，称为法。'因此而造成三苗品德恶劣，到后世终于就灭绝了。"

4. 子曰："下之事上也，不从其所令，从其所行。上好是物，下必有甚者矣。故上之所好恶，不可不慎也，是民之表也。"子曰："禹立三年，百姓以仁遂焉①，岂必尽仁？《诗》云②：'赫赫师尹，民具尔瞻。'《甫刑》曰③：'一人有庆，兆民赖之。'《大雅》曰④：'成王之孚，下土之式。'"子曰："上好仁，则下之为仁争先人。故长民者章志、贞教、尊仁，以子爱百姓，民致行己以说其上矣⑤。《诗》云⑥：'有梏德行⑦，四国顺之。'"

【注释】

①遂：达，成。

②《诗》：指《诗经·小雅·节南山》。

③《甫刑》：参本篇3节注⑤。

④《大雅》：指《诗经·大雅·下武》。

⑤说（yuè）：后作"悦"。

⑥《诗》：指《诗经·大雅·抑》。

⑦梏（jué）：读为"觉"，大也。今本《毛诗》作"有觉德行"。

【译文】

孔子说："臣下侍奉君上，不是听从他的命令，而是服从他的行为。君上爱好的物事，臣下必然有更爱好的人。所以，君上的喜好与憎恶，不可以不谨慎，这是人民的表率啊！"孔子说："禹即位三年，百姓就具有仁的道德了，难道是所有的人本性都具有仁的道德吗？《诗经》说：'显赫的太师尹氏，人民都瞻望着你。'《甫刑》说：'天子一人有善行，兆亿人民仰赖他。'《诗经·大雅》说：'成王的诚信，是臣民的表率。'"孔子说："君上喜好仁德，那么臣下就会争先恐后地行仁。所以领导人民的人应该彰明心志、导正教化、尊重仁德，爱民如子，人民就会尽心行仁以使君上愉悦了。《诗经》说：'德行宏大而端正，四方之国就会来归顺。'"

5. 子曰："王言如丝，其出如纶①；王言如纶，其出如綍②。故大人不倡游言。可言也，不可行，君子弗言也；可行也，不可言，君子弗行也。则民言不危行③，而行不危言矣。《诗》云④：'淑慎尔止，不愆于仪⑤。'"

【注释】

①纶：由丝线编绞而成的绶带。

②綍（fú）：通"绋"，牵引棺木的绳索。

③言不危行：即言不高于行，所谓言行一致。危，高。或据王引之《经义述闻·礼记下》"则民言不危行而行不危言矣"条，将"危"读为"诡"，释为"违"、"反"，亦通。"言不危行"，即言不违于行。

④《诗》：指《诗经·大雅·抑》。

⑤譽（qiān）：过失。今本《毛诗》作"愆"。

【译文】

孔子说："天子讲的话假如是像丝那么细，传到外边会给放大到像绶带那么粗；天子讲的话假如是像绶带那么粗，传到外边会给放大到像拉棺材的绳子那么粗。所以，在上位者不能提倡那种虚浮不实的话。可以说而不可以做的话，君子就不说；可以做而不可以说的事，君子就不做。那么，民众就言不会高于行，行也不高于言。《诗经》说：'你的容止要善美谨慎，不要使礼仪有过失。'"

6. 子曰："君子道人以言①，而禁人以行。故言必虑其所终，而行必稽其所敝，则民谨于言而慎于行。《诗》云②：'慎尔出话，敬尔威仪。'《大雅》曰③：'穆穆文王，於缉熙敬止④！'"

【注释】

①道（dǎo）：引导。

②《诗》：指《诗经·大雅·抑》。

③《大雅》：指《诗经·大雅·文王》。

④於：叹词。缉熙：光明。敬止：敬慎，"止"是语词。

【译文】

孔子说："君子以言语引导人民向善，而以行动制止人民作恶。所以，说话时必定考虑最终的结果，行动时必定核察可能的弊端，那么人民就会谨言慎行。《诗经》说：'你说出话语要谨慎，你显示仪态要端庄。'《大雅》说：'堂堂皇皇，美好文王，啊！多么光明，多么敬慎！'"

7. 子曰："长民者，衣服不贰[1]，从容有常，以齐其民，则民德壹。《诗》云[2]：'彼都人士，狐裘黄黄，其容不改，出言有章；行归于周，万民所望。'"

【注释】

[1]贰：差池。

[2]《诗》：指《诗经·小雅·都人士》。

【译文】

孔子说："领导人民的人，衣服要有一定的样式，言行举止要从容有规矩，以身作则来规范人民，那么，人民的道德就能够齐一。《诗经》说：'那京都的人士呀，穿着黄黄的狐皮裘衣，他们的容止规矩合度，说话有条理有文采；他们回到周都镐京，是万民仰望效仿的榜样。'"

8. 子曰："为上可望而知也，为下可述而志也，则君不疑于其臣，而臣不惑于其君矣。《尹吉》曰[1]：'惟尹躬及汤，咸有壹德。'《诗》云[2]：'淑人君子，其仪不忒。'"

【注释】

[1]《尹吉》：郑玄指出，吉为告字之误，《尹吉》当作《尹告》，《尹告》即《伊尹之诰》，《书序》认为即

《咸有壹德》，已亡佚。郭店楚墓竹简《缁衣》、上海博物馆藏战国楚竹书《缁衣》皆作"尹诰"，证明郑注可信。

②《诗》：指《诗经·曹风·鸤鸠》。

【译文】

孔子说："做人君的表里一致，使臣子一望而可知其思想；做臣子的诚恳坦然，使人君看到外貌就可以知晓心志，那么，人君就不会怀疑他的臣子，而臣子也不会怀疑人君了。《尹诰》说：'伊尹自己与汤，都有专一不变的道德。'《诗经》说：'善人君子，他的仪表没有差错。'"

9. 子曰："有国者，章善瘅恶①，以示民厚，则民情不贰。《诗》云②：'靖共尔位③，好是正直。'"

【注释】

①瘅（dǎn）：憎恶。

②《诗》：指《诗经·小雅·小明》。

③靖：安。共（gōng）：通"恭"。

【译文】

孔子说："领导国家的人，要表彰良善、憎恨罪恶，向人民展现淳厚的政风，那么，人民就能团结齐一。《诗经》说：'安详恭谨地恪守你的职位，喜好这种正直的人。'"

10. 子曰："上人疑则百姓惑，下难知则君长劳。故君民者章好以示民俗，慎恶以御民之淫，则民不惑矣。臣仪行^①，不重辞，不援其所不及，不烦其所不知，则君不劳矣。《诗》云^②：'上帝板板^③，下民卒瘅^④。'《小雅》曰^⑤：'匪其止共^⑥，惟王之邛^⑦。'"

【注释】

①仪：郑注认为应是"义"字，音近致误。

②《诗》：指《诗经·大雅·板》。郑注："君使民惑之诗。"

③上帝：托言君王。板板：乖戾邪僻。

④卒：尽。瘅：病。

⑤《小雅》：指《诗经·小雅·巧言》。郑注："臣使君劳之诗。"

⑥匪：同"非"。止：容止。共（gōng）：通"恭"。

⑦邛（qióng）：劳病。

【译文】

孔子说："君上多疑而好恶不定，百姓就困惑而无所适从；臣下心意难以知晓，君上就会非常辛劳。所以，治理人民的人，要表彰良善以昭示人民良好的风俗，要惩戒罪恶以防止人民放纵奢侈，那么，人民就不会困惑了。臣下遵行应做的事，不尚空谈，不强求君上去做那些做不到的事，不烦扰君上去纠缠那些搞不清的事，那君上就不会太辛劳了。《诗经》说：'上帝假如乖戾邪僻，臣民因此受尽困厄。'《小雅》说：'他不是在奉行职责，他是让君王备受辛苦。'"

11. 子曰："政之不行也，教之不成也，爵禄不足劝也，刑罚不足耻也。故上不可以亵刑而轻爵。《康诰》曰①：'敬明乃罚。'《甫刑》曰②：'播刑之不迪③。'"

【注释】

①《康诰》：《尚书·周书》篇名。即康叔之诰，内容是西周早期康叔受封时，武王告诫之辞。

②《甫刑》：参本篇3节注⑤。

③播：传布。不：郑玄以为是衍字，《尚书·吕刑》作"播刑之迪"。迪：道。

【译文】

孔子说："政令不能施行，教化不能成功，这是由于封爵、俸禄不当而不足以劝勉臣民守法向善，刑法惩罚失据而不足以使人民感到耻辱。所以，居于上位的人不可以滥用刑罚且轻率地封赏、俸禄。《康诰》说：'要敬谨明察你所执行的刑罚。'《甫刑》说：'颁布刑罚要根据道理。'"

12. 子曰："大臣不亲，百姓不宁，则忠敬不足，而富贵已过也。大臣不治，而迩臣比矣①。故大臣不可不敬也，是民之表也；迩臣不可不慎也，是民之道也。君毋以小谋大，毋以远言近，毋以内图外，则大臣不怨，迩臣不疾，而远臣不蔽矣。叶公之顾命曰②：'毋以小谋败大作，毋以嬖御人疾庄后③，毋以嬖御士疾庄士——大夫、卿、士④。'"

①迩臣：近臣。比：私下相亲。

②叶公之顾命：孙希旦《礼记集解》认为"叶"字当
　　为"祭"（zhài）字之误，指祭公（字谋父）临终前
　　告诉周王的话，事见《逸周书·祭公解》。顾命，
　　临死前的遗言。

③嬖（bì）御人：指宠妾。庄后：端庄得体的后妃。

④庄士：据孔疏，指士之齐庄得礼者，今为大夫、卿、士。

【译文】

孔子说："大臣与国君不相亲，百姓生活不安宁，这是
因为国君不敬重大臣、大臣不忠于国君，而安享富贵却已
过度。大臣不治理国政，近臣就会朋比为奸。所以，国君
不可以不敬重大臣，大臣是人民的表率；国君不可以不慎
择近臣，近臣是人民的引导者。国君勿与小臣谋议大臣的
事，勿与远臣谈论近臣的事，勿与内臣商讨外臣的事；那
样，大臣就不会有怨怼，近臣就不会有非议，远臣就不会
障蔽了。叶公在遗嘱中说：'不要因为小计谋而败坏了大作
为，不要因为宠妾而非议端庄的后妃，不要因为宠臣而非
议庄重的端正之士——大夫、卿、士。'"

13. 子曰："大人不亲其所贤，而信其所贱，民
是以亲失，而教是以烦。《诗》云①：'彼求我则②，如
不我得。执我仇仇③，亦不我力。'《君陈》曰④：'未
见圣，若己弗克见⑤；既见圣，亦不克由圣⑥。'"

【注释】

①《诗》：指《诗经·小雅·正月》。

②则：马瑞辰《毛诗传笺通释》释为句末语助词，无义。

③仇仇：犹謷謷，傲慢。

④《君陈》：《尚书》篇名。

⑤克：能。

⑥由：用。

【译文】

孔子说："在上位者不亲近有德的贤人，而信任鄙贱无德的小人，人民会因而失去他们所应亲近的准则，而政教因此会变得烦乱。《诗经》说：'那君王有求于我的时候，好像唯恐得不到的样子。等得到了我之后就变得傲慢，也不重用我。'《君陈》说：'在尚未见到圣人时，就好像自己不能见到圣人一般；等已经见到圣人了，又不能遵用圣人之道。'"

14. 子曰："小人溺于水①，君子溺于口，大人溺于民，皆在其所亵也。夫水近于人而溺人，德易狎而难亲也②，易以溺人。口费而烦③，易出难悔，易以溺人。夫民闭于人而有鄙心④，可敬不可慢，易以溺人。故君子不可以不慎也。《太甲》曰⑤：'毋越厥命以自覆也⑥。''若虞机张⑦，往省括于厥度则释⑧。'《兑命》曰⑨：'惟口起羞，惟甲胄起兵，惟衣裳在笥⑩，惟干戈省厥躬。'《太甲》曰：'天作孽，可违也；自作孽，不可以逭⑪。'《尹吉》曰⑫：'惟尹躬天见于西邑夏⑬，自周有终⑭，相亦惟终。'"

【注释】

①小人：据陈澔《礼记集说》，小人指民，以下君子指
　士大夫，大人指天子诸侯。

②德：指水的特点。狎：轻狎，轻慢。

③费：言多而不行。"口费而烦"以下三句，乃针对
　"君子溺于口"加以申说。

④闲：阻塞。人：人情事理。

⑤《太甲》：《尚书》篇名。

⑥厥：其。覆：败。

⑦虞：管理田猎之地的官员。机：弩牙，本指弩机钩
　弦的部件，此代指弩机。弩机是安在弩弓臂后部的
　机械装置，用以控制发射。

⑧括：矢括，指箭的末端。度：打算射箭的角度。释：放。

⑨《兑命》：《尚书》篇名，参《学记》2节注①。

⑩衣裳：指朝祭之服。笥：衣箱。

⑪逭（huàn）：逃。

⑫《尹吉》：即《尹诰》，《尚书·周书》篇名，参本篇
　8节注①。

⑬天：郑注认为是"先"字之误。西邑夏：指夏都安
　邑，位处商都亳之西，故称西邑夏。

⑭周：郑注："忠信为周。"周本有周备严密之意，君
　子尽忠守信，人格周备，故引申有忠信之意。《论
　语·为政》："君子周而不比，小人比而不周。"

【译文】

孔子说:"小人被水淹死,君子被口淹死,在上位者被人民淹死,这都是因为他们轻亵不慎所造成的。人容易与水接近却会被水淹死,因为水德柔弱易于轻慢狎玩而难于亲和,这就是小人被水淹死。说话尽是空话而烦扰多多,过头话容易说出而难以反悔,这就是君子被口淹死。百姓不通人情而有卑鄙之心,在上位者要敬谨面对而不可怠慢,这就是在上位者被民众淹死。所以,君子不可以不谨慎也。《太甲》说:'勿逾越天命以自取覆灭。''如同虞人的弩机张开后,还要往前看清箭端至目标的角度,看准了再发射。'《说命》说:'说话的嘴可能招来羞辱,防身的甲胄可能引起战争,用于朝祭的服装却放在衣箱里,要大动干戈动武兴兵还是先自我察省。'《太甲》说:'上天作孽兴灾,还能避开;自己作孽惹祸,却是无所遁逃。'《尹诰》说:'伊尹我的先人曾亲见西邑夏的先君,他们国君自始至终都能以忠信相待,辅政大臣也能一直奉行忠信到最后。'"

15. 子曰:"民以君为心,君以民为体。心庄则体舒,心肃则容敬。心好之,身必安;君好之,民必欲之。心以体全,亦以体伤;君以民存,亦以民亡。《诗》云①:'昔吾有先正,其言明且清,国家以宁,都邑以成,庶民以生。''谁能秉国成,不自为正,卒劳百姓。'《君雅》曰②:'夏日暑雨,小民惟曰怨③;资冬祁寒④,小民亦惟曰怨。'"

【注释】

①《诗》：以下"昔吾"至"以生"前五句，今本《毛诗》未见，当是逸诗；后"谁能"至"卒劳"等句引自《诗经·小雅·节南山》。

②《君雅》：郑注据《书序》以为当作"君牙"，郭店楚墓竹简《缁衣》正引作"君牙"，《尚书》佚篇名。

③曰：此与下文的"曰"均当作"日"，郭店楚墓竹简《缁衣》、上海博物馆藏战国楚竹书《缁衣》俱作"日"，应是秦汉传抄致误。日，指太阳，引申为老天，表面上指太阳在冬夏不能以日照适时调节天候，使得百姓无力对抗寒热雨旱，因此怨天，实乃借日喻君。

④资：郑注以为是"至"字之误，因齐鲁方言致误。祁：《伪古文尚书》孔传释为"大"。

【译文】

孔子说："人民把君主当作自己的心，君主把人民当作自己的身体。心庄正，身体就能感到舒畅；心肃穆，容止就会显得敬谨。心里喜欢，身体必能安适；君主爱好，人民必定也爱好。心在身体之内而受到保护，也因身体牵累而受到伤害；君主依靠人民而存在，也因人民而灭亡。《诗经》说：'以前我们有位先君，他的言论明白而清楚，国家因此得到安宁，都城因此得以建成，百姓因此得以安生。''有谁能好好执掌国政，不自以为是，让百姓老是劳累受苦。'《君牙》说：'夏季天气暑热又多雨，小老百姓会抱怨老天；冬季天气又大冷，小老百姓也会抱怨老天。'"

16. 子曰："下之事上也，身不正，言不信，则义不壹，行无类也。"

【译文】

孔子说："臣下侍奉君上，自身不行正道，说话不讲信用，那么就会道义不守专一，行为没有准则。"

17. 子曰："言有物而行有格也①，是以生则不可夺志，死则不可夺名。故君子多闻，质而守之②；多志③，质而亲之；精知，略而行之④。《君陈》曰⑤：'出入自尔师虞⑥，庶言同⑦。'《诗》云⑧：'淑人君子，其仪一也。'"

【注释】

①格：法规。

②质：主。

③多志：据郑注，指广博地与人交往。

④略：约要。

⑤《君陈》：《尚书》篇名。

⑥师：众。虞：谋虑。

⑦庶：众。

⑧《诗》：指《诗经·曹风·鸤鸠》。

【译文】

孔子说："说话有具体内容而行事有遵循的法规，所以活着的时候就不能夺走他的志向，死了也不能夺走他的名声。因此，君子闻见要广博，确定基本原则少而精，实行它、恪守它；君子交往要广泛，选择挚友少而精，友善它、亲近它；君子谋虑要广阔，制定计划少而精，执行它、实现它。《君陈》说：'政令出入都来自众臣的谋虑，众人赞同再实行。'《诗经》说：'善人君子，他的威仪始终如一。'"

18. 子曰："唯君子能好其正，小人毒其正。故君子之朋友有乡①，其恶有方；是故迩者不惑，而远者不疑也。《诗》云②：'君子好仇③。'"

【注释】

①乡（xiàng）：通"向"，方向。

②《诗》：指《诗经·周南·关雎》。

③好仇（qiú）：理想的配偶。仇，今本毛诗作"逑"。

【译文】

孔子说："只有君子能喜欢别人纠正自己的失误，小人会痛恨别人纠正自己的失误。所以，君子结交朋友有一定原则，他讨厌别人也必有一定道理；因此，远近之人都信任他，靠近他的人不会感到迷惑，远离他的人也不会怀疑他。《诗经》说：'君子的理想配偶。'"

19. 子曰："轻绝贫贱，而重绝富贵，则好贤不坚而恶恶不著也。人虽曰不利，吾不信也。《诗》云①：'朋友攸摄②，摄以威仪。'"

【注释】

①《诗》：指《诗经·大雅·既醉》。

②攸：所。摄：辅助，佐理。

【译文】

孔子说："轻易与贫贱者绝交，而难以与富贵者绝交，就是喜好贤人的志意不坚定，而厌弃恶人的态度不明确。虽然有人说他是不为利，我也决不相信。《诗经》说：'朋友交往要辅助佐理，辅助佐理靠的是礼仪。'"

20. 子曰："私惠不归德①，君子不自留焉。《诗》云②：'人之好我，示我周行。'"

【注释】

①私惠：私下赠送礼物。

②《诗》：指《诗经·小雅·鹿鸣》。

【译文】

孔子说："私下送礼不符合公德的，君子不把这样的人留在身边。《诗经》说：'喜爱我的人，为我指示坦荡大道。'"

21. 子曰："苟有车，必见其轼①；苟有衣，必见其敝②；人苟或言之，必闻其声；苟或行之，必见其成。《葛覃》曰③：'服之无射④。'"

【注释】

①轼：车上供凭扶的横木。

②敝：通"蔽"，遮蔽。

③《葛覃》：《诗经·周南》篇名。

④服之无射（yì）：今本《葛覃》第二章作："是刈是濩，为缔为绤，服之无斁。"意谓妇人割取、濩煮葛草，用来织粗细不同的葛布，将自制的衣服穿在身上一点也不厌倦。《葛覃》一诗本写出嫁妇人归宁父母前的喜悦之情。射，同"斁"，厌也。

【译文】

孔子说："如果有车子，必定能看到车上供人凭靠的车轼；如果有衣服，必定能看到它用来遮蔽身体；如果有人在说话，必定能听到他的声音；如果有人在做事，必定能看到他最后做成。《葛覃》说：'这衣服穿着从不感到厌倦。'"

22. 子曰："言从而行之，则言不可饰也；行从而言之，则行不可饰也。故君子寡言，而行以成其信，则民不得大其美而小其恶。《诗》云①：'白圭之玷②，尚可磨也；斯言之玷，不可为也。'《小雅》曰③：'允也君子，展也大成。'《君奭》曰④：'昔在⑤，上帝周田观文王之德⑥，其集大命于厥躬。'"

【注释】

①《诗》：指《诗经·大雅·抑》。

②玷（diàn）：圭玉上的斑点。

③《小雅》：指《诗经·小雅·车攻》。

④《君奭（shì）》：《尚书·周书》篇名。奭为周召公
之名，内容为周公劝勉召公之言。
⑤在：通"哉"。
⑥周田观：郑玄根据古文改作"割申劝"，郭店楚墓竹
简《缁衣》作"割绅观文王之德"。据此应订为"割
绅观文王之德"。今本"周"为"害"字之误，害、
割古通，割、盖也。申、绅可通，有重申、一再之
意。可参见屈万里《尚书集释》。

【译文】

孔子说："说了之后跟着就去做，那么所说的话就不能
掩饰；做了之后跟着就来说，那么所做的事就不能掩饰。
所以，君子总是少说话，而以实际行动成就他的诚信。这
样，人民就不能夸大自己的美好而缩小自己的丑恶。《诗经》
说：'洁白的玉圭上有斑点，还可以打磨清除；说出的话有
了污点，那可就无法挽回。'《小雅》说：'实在是君子呀，
果真有大作为。'《君奭》说：'从前，上帝反复观察文王的
德行，才将统一天下的天命降于他的身上。'"

23. 子曰："南人有言曰：'人而无恒，不可以为
卜筮。'古之遗言与①？龟筮犹不能知也，而况于
人乎？《诗》云②：'我龟既厌，不我告犹。'《兑命》
曰③：'爵无及恶德，民立而正事。纯而祭祀④，是
为不敬；事烦则乱，事神则难。'《易》曰⑤：'不恒
其德，或承之羞。''恒其德，侦⑥，妇人吉，夫子
凶。'"

①与：通"欤"，疑问语气词。

②《诗》：指《诗经·小雅·小旻》。

③《兑命》：《尚书》篇名，参《学记》2 节注①。

④纯：郑注："或为烦"，繁多之意。

⑤《易》：《周易·恒卦》九三、六五爻辞。

⑥侦：今本《周易》作"贞"。贞，占问。

【译文】

孔子说："南方人有俗话说：'人如果情性无常，就不可以为他卜卦、占筮。'这是古代留下来的话吧？龟卜、占筮尚且不能知道这种人的吉凶，更何况是人呢？《诗经》说：'我们的灵龟已经厌烦了，不会告诉我们吉凶之道了。'《说命》说：'爵位不能授予那些道德恶劣的人，否则，人民将误以为他们是正道而仿效。过繁地祭祀，是对神明不敬；事情过于纷繁就会烦乱，祭祀神鬼就难以祈福。'《周易》说：'不能恒久地保持德行，有时就会蒙受羞辱。''能恒久地保持德行，贞问，妇人吉，男子凶。'"

冠　义

郑玄《礼记目录》云："名曰'冠义'者，以其记冠礼成人之义。"

冠，指加冠礼。古代男子成年时，举行加冠典礼以表示成人，本篇主旨就是解释《仪礼·士冠礼》的意义。本篇首先强调冠礼乃"礼之始"，古代圣王重视冠礼；其次乃就《士冠礼》的若干具体仪节，如筮日、筮宾、冠于阼、命字、见母与兄弟、见君卿大夫乡先生等，阐释其意义；然后反复中说冠礼的重要性。《礼记》从《冠义》起，有《昏义》、《射义》、《乡义》、《燕义》、《聘义》等一连六篇诠释礼经（《仪礼》）相关篇章的意义。

本篇《冠义第四十三》，全篇选释。

1. 凡人之所以为人者，礼义也。礼义之始，在于正容体、齐颜色、顺辞令。容体正，颜色齐，辞令顺，而后礼义备。以正君臣、亲父子、和长幼。君臣正，父子亲，长幼和，而后礼义立。故冠而后服备[1]，服备而后容体正、颜色齐、辞令顺。故曰："冠者，礼之始也。"是故古者圣王重冠。

【注释】
①冠（guàn）：加冠礼。

【译文】
人之所以成为人，是因为有礼义。礼义的起始，在于端正容貌体态、神色表情得体恰当、言语辞令合宜顺畅。容貌体态端正，神色表情得体恰当，言语辞令合宜顺畅，然后礼义的要素就算齐备了。其次，在于君臣关系正确、父子情感亲善、长幼相处和睦。君臣关系正确，父子情感亲善，长幼相处和睦，而后礼义就算确定了。因此，举行加冠礼之后，服装就会完备，服装完备之后，才能容貌体态端正，才能神色表情得体恰当，才能言谈辞令合宜顺畅。所以说："冠礼，是一切礼的开始。"因此，古代圣王都重视冠礼。

2. 古者冠礼筮日、筮宾[1]，所以敬冠事。敬冠事所以重礼，重礼所以为国本也。

【注释】
①筮日：使用蓍草占问吉日。

【译文】

古代举行冠礼时，要先占筮以决定行礼的吉日与协助行礼的贵宾，这是因为敬重冠礼的缘故。敬重冠礼是因为重视礼，重视礼是因为礼是国家的根本。

3. 故冠于阼①，以著代也。醮于客位②，三加弥尊③，加有成也。

【注释】

①阼：堂前东阶，主人之位。

②醮（jiào）：一种饮酒的仪节。主人酌酒于宾，宾饮后不必回敬。客位，在户西。此后三句，《仪礼·士冠礼》记文作："醮于客位，加有成也；三加弥尊，谕其志也。"略异。

③三加：行冠礼时，初加缁布冠，次加皮弁，最后加爵（què）弁，三次加冠一次比一次尊贵。

【译文】

所以冠礼在阼阶上举行，以表明成年后的受冠者具备代父亲理事的含义。在户西客位上向宾客酌酒，三次所加之冠，一次比一次更尊贵，这都是勉励尊重受冠者已经成年独立了。

4. 已冠而字之①，成人之道也。见于母，母拜之，见于兄弟，兄弟拜之。成人而与为礼也。玄冠、玄端②，奠挚于君③，遂以挚见于乡大夫、乡先生④，以成人见也。

【注释】

①字：取字。成年后，在外以字行。

②玄端：一种黑色的礼服。

③奠挚：把见面礼放在地上，因为国君位尊，不敢亲
　自递交，只敢放在地上。挚，见面礼。

④乡大夫："乡"为"卿"字之讹。乡先生：指卿大夫
　退休后居住在乡里的。

【译文】

已经加冠后就取字，这是成人的标志。然后去见母亲，
母亲要向他行拜礼；见到兄弟，兄弟也要向他行拜礼。这都
是因为他已经是成人了，要向他行成人之礼了。戴着黑色的
礼冠、穿着黑色的礼服，将见面礼放在地上拜见国君，然后
带着见面礼去拜见卿大夫、乡先生，都是以成人之礼拜见。

5. 成人之者，将责成人礼焉也①。责成人礼焉
者，将责为人子、为人弟、为人臣、为人少者之礼
行焉。将责四者之行于人，其礼可不重与②？

【注释】

①责：求。

②与：通"欤"。

【译文】

已经成年的人，就要以成人之礼要求他。所谓以成人

之礼要求他，就是要求他按照为人之子、为人兄弟、为人臣下、为人晚辈的礼节行事。要冠者用这四方面的礼待人行事，那冠礼能不特别重视吗？

6. 故孝弟忠顺之行立，而后可以为人，可以为人，而后可以治人也。故圣王重礼。故曰："冠者，礼之始也，嘉事之重者也①。"

【注释】

①嘉事：即嘉礼，五礼之一。古人把礼分为吉、凶、军、宾、嘉五种，其中冠、婚、饮食、射、燕飨等皆属嘉礼。

【译文】

所以孝顺父母、友爱兄弟、忠诚君王、顺从长辈的行为做到了，然后才算可以做人。可以做人，然后才能够治理人。所以圣王重视礼。所以说："冠礼，是礼的开始，是嘉礼中最重要的。"

7. 是故古者重冠，重冠故行之于庙。行之于庙者，所以尊重事。尊重事，而不敢擅重事；不敢擅重事，所以自卑而尊先祖也。

【译文】

所以，古代重视冠礼，因为重视冠礼，所以冠礼是在宗庙举行的。之所以在宗庙举行，是因为对冠礼这种重要

事务非常尊崇。对冠礼这种重要事务非常尊崇，因而重要
事务不敢擅自做主；对重要事务不敢擅自做主，所以行冠
礼要在宗庙举行，表示谦卑而尊敬祖先。

昏 义

郑玄《礼记目录》云："名曰'昏义'者，以其记娶妻之义、内教之所由成也。"

古代婚礼在黄昏举行，所以古本写作"昏礼"。本篇主旨是诠释《仪礼·士昏礼》的意义，其中特别强调的是"妇顺"之道，古人认为妇顺则家和，家和足以兴邦，所以说"昏礼者，礼之本也"。

本篇1—7节与《士昏礼》关系较密切：第1、2节，从婚礼亲迎前至完婚后，针对其中几种仪节，加以诠释其礼义；第3、4节，泛论婚礼及其他诸礼的重要性；第5、6节，记新妇在完婚后的翌日，"待晓堂前拜舅姑"的仪节与意义；第7节，记录女子出嫁前必须完成妇道教化的时间、地点、内容、意义。第8、9节，则与《士昏礼》关系较远，从夫妇有义、男女有别，进一步推衍至天子、王后各主外政、内政，各领六官、六宫教化统一天下，一如天地相辅、阴阳相济。

本篇《昏义第四十四》，全篇选释。

1. 昏礼者，将合二姓之好，上以事宗庙，而下以继后世也，故君子重之。是以昏礼纳采、问名、纳吉、纳征、请期[1]，皆主人筵几于庙[2]，而拜迎于门外，入，揖让而升，听命于庙，所以敬慎、重正昏礼也。

【注释】

[1]"是以昏礼"句：据《仪礼·士昏礼》，古代婚礼迎娶有六道主要仪节，即：纳采、问名、纳吉、纳征、请期、亲迎，俗称六礼，本节先谈前五礼，亲迎见下节。在行六礼之前必须先"下达"，即男方请媒人至女方表达提亲之意，女方同意后才"纳采"。纳采是指男方备礼派人至女方家，表示已选择其女为婚配对象，正式请女方接受此选择。纳，接纳。采，选择。问名：纳采后，男方请媒人询问女方的名字。《曲礼》："男女非有行媒，不相知名。"古代男女不经过媒人无以得知彼此名字，男方主动问名的目的是为了要占问婚事吉凶。纳吉：问名占卜得吉兆，男方就请媒人至女方家，请女方接纳此吉兆，谓之纳吉。纳征：聘礼。纳吉后，男方派媒人至女方家致送聘礼，又称纳币。请期：纳征后，男方经过占卜选出婚礼的吉日，派媒人至女方报告，征得女方同意，表示尊重。

[2]主人：指女方家长。筵（yán）：坐席。以下仪节，据《仪礼·士昏礼》，男方行媒至女方时，女方要

在宗庙接待行礼，以示敬慎。

【译文】

所谓婚礼，是用以结合两姓家族的欢好，对上得以祭祀宗庙祖先，对下得以传宗接代延续子嗣，所以君子重视它。因此，婚礼中的纳采、问名、纳吉、纳征、请期五道仪节，都由女方主人在宗庙设置坐席、几案，然后亲自在庙门外拜迎男方媒人，进入宗庙后，拱手行礼，引导来宾升堂，并在庙堂上聆听媒人转达男方的各种意见，如此是为了表示对婚礼敬谨、审慎、尊重、正规的态度。

2. 父亲醮子而命之迎①，男先于女也。子承命以迎，主人筵几于庙，而拜迎于门外。婿执雁入②，揖让，升堂，再拜③，奠雁，盖亲受之于父母也。降，出，御妇车，而婿授绥④，御轮三周⑤，先俟于门外。妇至，婿揖妇以入。共牢而食，合卺而酳⑥，所以合体、同尊卑以亲之也。

【注释】

①父亲：指男方主人。醮子：男方至女方家迎亲之前，男方主人向儿子敬酒，并期勉儿子传承之责，醮辞可参《仪礼·士昏礼·记》。醮，参《冠义》3节注②。

②雁：婿所执的见面礼。

③再拜：拜两次。据《仪礼·士昏礼》"奠雁，再拜稽首，降出"，婿应该是先把雁放下，然后再拜，《昏义》此处颠倒。

④绥：登车时用以挽持的绳索。

⑤御轮三周：指婿亲自驾车使车轮绕三圈后，就交由随从车夫驾车。

⑥卺（jǐn）：饭后用以盛酒漱口的容器，将瓠瓜剖成两半以为瓢，夫妇各持一半，以示"合体"。酳（yìn）：食毕以酒漱口。

【译文】

男方的父亲向儿子敬酒，然后命他亲自去迎娶，这是表示由男方相迎于前而女方相随于后。儿子秉承父亲的命令去迎亲，女方主人在宗庙设置坐席几案，然后亲自在庙门外拜迎。婿带着雁进庙门，拱手行礼相让升上庙堂，放下雁，拜两次，这是表示他亲自从女方父母手中迎受新妇。婿下堂，出门，驾驶新妇乘坐的车，然后婿把登车绳交给新妇让她挽持上车，驾着车子让车轮转三圈，将车子交给随行车夫驾驶，然后先行回到自己家门外等候。新妇到时，婿拱手行礼，请新妇入门。新人共同吃饭，吃同一组牲牢。饭后，饮酒漱口，这是用同一个瓠瓜剖成的两半，两人各持一瓢盛酒而饮。这两种仪节表示夫妇从此合为一体、同尊卑，相亲相爱。

3. 敬慎重正而后亲之，礼之大体而所以成男女之别①，而立夫妇之义也。男女有别，而后夫妇有义；夫妇有义，而后父子有亲；父子有亲，而后君臣有正。故曰："昏礼者，礼之本也。"

【注释】

①礼之大体而：或说此五字为衍文。

【译文】

举行婚礼，敬谨、审慎、尊重、正规，然后夫妇相亲相爱，这是礼的要点，用以认定男女之别，而确保夫妇之间的道义。男女有别，而后确保夫妇之间有道义；夫妇之间有道义，而后父子之间就能亲和；父子之间能亲和，而后才有正确的君臣关系。所以说："婚礼，是礼的根本。"

4. 夫礼，始于冠，本于昏，重于丧祭，尊于朝聘，和于乡射，此礼之大体也。

【译文】

礼，冠礼是起始，婚礼是根本，丧礼、祭礼最隆重，朝礼、聘礼最尊贵，乡饮酒礼和乡射礼最和谐，这是礼的主要内容。

5. 夙兴①，妇沐浴以俟见。质明②，赞见妇于舅姑③，妇执笲——枣、栗、段脩以见④。赞醴妇⑤，妇祭脯醢⑥，祭醴，成妇礼也。舅姑入室，妇以特豚馈⑦，明妇顺也。厥明⑧，舅姑共飨妇以一献之礼⑨，奠酬，舅姑先降自西阶，妇降自阼阶，以著代也。

【注释】

①夙兴：早起。本节简述为妇之礼，即婚后新妇拜见

舅姑的各项仪节的意义。仪节详见《仪礼·士昏礼》。

②质明：指天刚亮，成婚后隔天。质，正。

③赞：协助行礼的人。见（xiàn）：同"现"。舅姑：即公公、婆婆。

④笲（fán）：竹制的容器，盛放下文所说的"枣、栗、段脩"。段脩：指用佐料加以捶治的肉干。段，通"腶"。

⑤赞醴妇：赞者代表舅姑向新妇进醴酒。

⑥祭：指食前祭饮食之神的礼仪。醢（hǎi）：肉酱。

⑦特豚：一只煮熟的小猪。据《仪礼·士昏礼》："舅姑入于室，妇盥馈，特豚，合升，侧载，无鱼、腊，无稷，并南上。"

⑧厥明：据孙希旦《礼记集解》，指明日，即成婚后第三天早上。

⑨飨：以酒食招待人。一献之礼：饮酒之礼，参《乐记》21节注③。

【译文】

成婚后第二天一早起床，新妇洗头洗澡以等候拜见公婆。天刚亮时，赞者带领新妇去拜见公婆。新妇带着盛放枣子、栗子、干肉的笲拜见公婆。赞者代表公婆向新妇进醴酒，新妇用肉条、肉酱行祭食礼，用醴酒行祭食礼，完成了为人媳妇之礼。公婆回到室中，新妇进献一只煮熟的小猪等食物，这是用以表明新妇顺从公婆的心意。第三天早上，公婆一起招待新妇，行一献之礼，新妇再次拿到公婆酬答的酒后，放在食物的左侧不再饮用。然后，公婆从西边客阶先下堂，新妇则从东边阼阶下堂，这是用以显示新妇此后将接替婆婆料理家务。

6. 成妇礼，明妇顺，又申之以著代，所以重责妇顺焉也。妇顺者，顺于舅姑，和于室人，而后当于夫①，以成丝麻、布帛之事，以审守委积、盖藏②。是故妇顺备而后内和理，内和理而后家可长久也，故圣王重之。

【注释】
①当：称，配合。
②委积：财物。盖藏：储粮。

【译文】
完成为人媳妇之礼，表明媳妇顺从公婆的心意，又显示了媳妇此后将接替婆婆料理家务，这都是为了特别强调为人媳妇要顺从。所谓媳妇顺从，指顺从公婆，使家人关系和谐，而后才能与丈夫的地位作用相称，据以完成纺丝、制麻、织造布帛的工作，据以严格地保守住家庭的财产、粮食、房屋、收藏。所以，媳妇具备了顺从的德行，而后家庭就能和谐有条理。家庭和谐有条理，而后家就可以长长久久绵延不绝，所以圣王特别重视妇顺之德。

7. 是以古者妇人先嫁三月①，祖庙未毁②，教于公宫③；祖庙既毁，教于宗室④。教以妇德、妇言、妇容、妇功。教成，祭之，牲用鱼，笔之以蘋藻⑤，所以成妇顺也。

【注释】

①先嫁三月：出嫁前三个月。此节针对与国君同姓同族的许嫁女子而言。

②祖庙未毁：据孔疏，这是指许嫁女子与国君的关系是同一高祖（由自己往上数四世祖先）的，这样，其高祖之庙则尚未迁毁。如果许嫁女子与国君高祖之上的祖先才相同（关系更为疏远），则许嫁女子之高祖庙已迁毁了。

③公：指国君。

④宗室：据郑注，指宗子之家。

⑤笔（mào）：杂拌，拌和。

【译文】

所以，古代妇女在出嫁前三个月，如果高祖之庙还没迁毁，就在国君的宫室教育她；如果高祖之庙已经迁毁，就在宗子的宫室教育她。教她学习为人媳妇应具备的德行、为人媳妇应说的言语辞令、为人媳妇应维持的容貌装扮、为人媳妇应该做的事功。教育完成后，就祭告祖先，祭牲用鱼，以蘋、藻调和羹汤，这是为了使她养成为妇顺从的品行。

8. 古者天子，后立六宫①，三夫人、九嫔、二十七世妇、八十一御妻，以听天下之内治②，以明章妇顺，故天下内和而家理。天子立六官③，三公、九卿、二十七大夫、八十一元士，以听天下之外治，以明章天下之男教，故外和而国治。故曰：天子听男教，后听女顺；天子理阳道，后治阴德；天子听外治，后听内治。教顺成俗，外内和顺，国家理治，此之谓盛德。

【注释】

①六宫：六座寝宫，据孙希旦《礼记集解》，自三夫人至八十一御妻皆分属六宫，以辅佐王后管理内治。

②内治：指料理家政、操持家务。

③六官：指管理国务的主要机构与负责官吏，具体所指，其说不一。或说，天官冢宰、地官司徒、春官宗伯、夏官司马、秋官司寇、冬官司空，合称六官。

【译文】

古代的天子，王后设立六宫，置三夫人、九嫔、二十七世妇、八十一御妻，以管理天下之家政、家务之事，以彰显妇女顺从的德行，所以，使得天下所有的家庭都能内部和谐而管理有方。天子设立六官，置三公、九卿、二十七大夫、八十一元士，以管理天下之政事、政务，以明确天下男子的教育，因此，政治和睦而国家安定。所以说：天子负责对男子教化，王后负责令女子顺从；天子管理阳刚之道，王后管理阴柔之德；天子负责王宫之外的国家政事、政务，王后负责王宫之内的家政家务。男子受到良好教化，女子养成顺从品行，全国形成良好风俗；王宫之外和和睦睦，王宫之内和和顺顺，国家治理得井井有条，这就是天子与王后伟大的德行。

9. 是故男教不修，阳事不得，適见于天①，日为之食；妇顺不修，阴事不得，適见于天，月为之食。是故日食则天子素服而修六官之职，荡天下之阳事②；月食则后素服而修六宫之职，荡天下之阴事。故天子之与后，犹日之与月，阴之与阳，相须而后成者也③。天子修男教，父道也；后修女顺，母道也。故曰："天子之与后，犹父之与母也。"故为天王服斩衰，服父之义也；为后服资衰④，服母之义也。

【注释】

① 適（zhé）：通"谪"，责备。见（xiàn）：同"现"。

② 荡：荡涤，清除，指除去污秽。

③ 须：待也，引申有依靠的意思。

④ 资衰：即齐衰。"资"、"齐"，古音相近，可以通假。

【译文】

所以，男子的教化如果不修治完善，阳刚之事就不能办好，上天所显现的谴责，就是日蚀；妇女的顺服之道如果不修治完善，阴柔之事就不能办好，上天所显现的谴责，就是月蚀。所以，如果发生日蚀，天子就穿上纯白的衣服，并检讨改进六官的职事，对天下阳事中的污秽加以清除；如果发生月蚀，王后就穿上纯白的衣服，并检讨改进六宫的职事，对天下阴事中的污秽加以清除。所以，天子与王后，就如同太阳与月亮，阴与阳，彼此互相依存辅佐才能成功。天子负责男子的教化，就像为父之道；王后负责教育妇女顺从，就像为母之道。所以说："天子与王后，如同父亲与母亲。"所以，为天子服丧要服斩衰，就是为父亲服丧的意义；为王后服丧要服齐衰，就是为母亲服丧的意义。

孝　经

前　言

　　中国的古书浩如烟海，如果让我们从这浩茫的书海中评选出一部字数最少、内容最浅，而影响最大、争议最多的著作，那毫无疑问要数《孝经》了。

　　《孝经》总字数不过一千八百余言，可是，两千年来，上至帝王将相，下至黎民百姓，广为传习，备加尊崇，影响所及，远至异族异国。《孝经》文义浅白，基本上没有诘屈聱牙的字句，可是围绕着它的作者、成书时代、文字异同、传注源流等一系列问题，千余年来论战不休。爰及近代，更将邻邦日本的学者也牵扯进这场笔墨官司中。我们认为，《孝经》确是中国文化史上最重要的典籍之一，要了解古代的中国社会，要了解源远流长的封建宗法制度，要了解根深蒂固的以"忠孝"为核心的封建思想，就必须对《孝经》作一番透彻的研究。有人说，"孝道是中国固有文化的精华，而《孝经》是阐发此种精华的典籍"。但此说未必允当。《孝经》一书，虽也谈孝，但核心却并不在阐发孝道，而在以"孝"劝"忠"。今天读《孝经》必须用新的观点和材料，对其作全面的考察，给予正确的、公允的评价。

一　《孝经》的作者、成书及书名

　　《孝经》的作者，历来众说纷纭，概括起来大约有八种说法。

　　1. 孔子说。见班固《汉书·艺文志》。

　　2. 曾子说。见司马迁《史记·仲尼弟子列传》。

　　3. 曾子门人说。宋人胡寅说，见朱彝尊《经义考》卷二二二。

4. 子思说。宋人冯椅说，见王应麟《困学纪闻》。

5. 孔子门人说。见司马光《古文孝经指解序》。

6. 齐鲁间儒者说。朱熹说，见《经义考》卷二二二。

7. 孟子门人说。近人王正己说，见《古史辨》第四册《孝经今考》。

8. 汉儒说。姚际恒说，见《古今伪书考》。

这八种说法，反映了《孝经》真伪之争中两种完全对立的观点。前五说，还把《孝经》看作上古之书。后三说，都把《孝经》看成是后人编撰之书，即是伪书。还有一种折衷意见说，先秦虽然确实有《孝经》，但因文简义浅，传诵者甚少，经秦始皇焚书坑儒，遂告绝亡。到汉初，有些儒生利用《吕氏春秋》引用过的《孝经》文字，杂糅先秦各书，伪纂成今本《孝经》。指斥《孝经》是伪书的人，都是使用传统的辨伪方法得出这一结论的。特别是近代"疑古派"的先生们，"辨伪"大帚几乎要把早期的古籍都扫进伪书的行列中。然而，自二十世纪七十年代以来，地下出土的大量的战国、秦、汉简帛文书的整理成果，却从根本上动摇了这旧有的方法和旧日的结论。近来，已有学者利用丰富的地下发现对古书的年代进行了"再认识"。他们指出，古书往往不题撰人，并没有概念明确的作者；许多古籍非成于一时，又非出于一手；有些古籍又经过后人整理，甚至也有附益和增饰，尽管如此，也不能把这些古籍斥为伪作。我们是赞同这种看法的。

《孝经》记载了孔子向曾参讲述孝道的言论，上古时没有后代那样的著作意识，讲述就是一种创作。孔子当然是《孝经》作者。但是，孔子最初的讲述可能是零散的，不系统的，比较口语化的，他的学生把这些言论记录下来，归纳整理，甚至还进行过文字上的润饰、加工。最初做这项工作的可能是曾参，后来是曾参的学生，因此，文中曾参也被称为"曾子"。

从这个意义上说，孔子、曾子和他的学生（或学生的学生）都是《孝经》的作者。

《孝经》的成书，至迟不晚于公元前241年，这一年《吕氏春秋》修成，其中《察微篇》和《孝行篇》都引用了《孝经》文字。所以，汪中《经义知新记》说："《孝行》、《察微》二篇并引《孝经》，则《孝经》为先秦古籍明。"

有人指出，《孝经》与《荀子》、《左传》、《孟子》等书文字内容有雷同之处，乃是《孝经》抄袭了这几种书。这个问题需要分析。如其所引《左传》有关文字，全是当时的名臣名言，这些言论也会通过一定的渠道在社会上传播，也可能载入官方的"史记"，其他人就有可能借用或发挥。这里并不存在谁抄袭谁的问题，而是《左传》与《孝经》有着共同的史实依据。有人认为《孝经》与《孟子》也有些联系。清人陈澧《东塾读书记》说："《孟子》七篇中，多与《孝经》相发明。"清人任大椿《孝经本义·序》说："《孝经》一书，孔子为曾氏而作，而曾氏门人次而成之者也。……再传至孟子，复推明是书以昭后世。"（《有竹居集》卷八）他注意到孟子与《孝经》的关系是对的，但说孟子"推明是书"却缺乏根据。实际上，《孟子》思想与《孝经》的一些观点并不一致。那么，在《孟子》成书前后，对《孝经》进行过整理工作的人是谁呢？我们推测，可能是乐正子春和他的学生，或者是他的学生的学生。

乐正子春似乎与"孝道"、《孝经》有些特殊的关系。文献中关于他的孝行故事很多，而且往往与《孝经》的内容有联系。《礼记·祭义》里也记了他的论孝言论，说是"吾曾闻诸曾子，曾子闻诸夫子"。《礼记》及《公羊传》都有他孝亲的故事。从师承关系上说，乐正子春是曾子的学生，曾子临终，他与曾子的两个儿子曾元、曾申守在病榻边。他与孟子时代较近，而孟子约生于公元前385年，卒于公元前304年。认定《孝经》在战国晚期曾由乐正子春的弟子（或再传弟子）加以整理，就能够解释许多现象。

关于《孝经》的名称，也是一个长期纷争不已的问题。班固在《汉书·艺文志》中说：

> 夫孝，天之经，地之义，民之行也。举大者言，故曰《孝经》。

后人对此大有怀疑。我们认为，《孝经》称之为"经"，与《易》、《诗》、《书》称"经"意思并不完全相同。《易经》、《诗经》、《书经》是汉人把儒家著作奉为经典后加上去的，《孝经》的"经"是道理、原则、方法的意思。事实上，书名、篇名中的"经"字并不都是"后代俗人"所加，先秦诸子书中其例甚多，出土材料中也有例证。马王堆三号汉墓出土的《老子》乙本卷前古佚书中有《经法》、《十六经》等，皆为战国晚期的著作。邢昺《孝经注疏》说"经"是"常行之典"，突出了"典"的意思是不对的。皇侃在《孝经义疏》中说："经者，常也，法也。……言孝之为教，使可常而法之……故名曰《孝经》。"这样诠释就比较妥当。用今天的话说，《孝经》就是"关于孝的道理"、"行孝的方法"的意思。《吕氏春秋》已引用了《孝经》这一名称，可见它在战国时甚至在最早成书时固已有之，并不是后代将它奉为经典后才加上去的。

二 《孝经》的今文和古文、郑注和孔传

战国时期，秦国用"籀文"（大篆），而东方六国各有自己的文字，汉代人称之为"古文"。先秦典籍多用"古文"书写流传，在秦代被禁绝，至汉代复出，一些学者用当时流行的隶书转录或抄写这些典籍，于是便有了"今文"本。学习研究与传布不同的文本，便成为不同的学派。《孝经》也有今文和古文之别，今文有郑注，古文有孔传，历史上斗争十分激烈。

今文《孝经》，据《隋书·经籍志》说："遭秦焚书，为河间人颜芝所藏。汉初，芝子贞出之，凡十八章，而长孙氏、博

士江翁、少府后仓、谏议大夫翼奉、安昌侯张禹皆名其学。"又说:"至刘向典校经籍,以颜本比古文,除其繁惑,以十八章为定。郑众、马融并为之注。又有郑氏注,相传或云郑玄,其立义与玄所注余书不同,故疑之。"

而古文《孝经》,据《汉书·艺文志》和《说文解字·叙》说,武帝时,鲁恭王得之于孔子故居的墙壁之中,同时发现的还有《尚书》、《论语》、《礼记》等数十篇古文典籍。许慎之子许冲在《上〈说文解字〉表》里却说:

慎又学《孝经》孔氏古文说。古文《孝经》者,孝昭帝时,鲁国三老所献。建武时,给事中议郎卫宏所校,皆口传,官无其说,谨撰具一篇并上。

段玉裁在《说文解字注》里解释说,这是因为汉武帝时发现的壁中书,孔安国只献出了古文《尚书》一种,所以才有昭帝时鲁国三老献古文《孝经》之事。

《汉志》又收录有"《孝经》古孔氏一篇,二十二章"。颜师古注曰:"刘向云:古文字也。《庶人章》分为二也,《曾子敢问章》为三,又多一章,凡二十二章。"最早提到孔安国为古文《孝经》作传的是王肃的《孔子家语后序》。而后,《隋志》也记载了孔传流传的情况,说古文《孝经》与古文《尚书》同出,"孔安国为之传。……梁代,安国及郑氏二家,并立国学,而安国之本,亡于梁乱。陈及周、齐,唯传郑氏。至隋,秘书监王劭于京师访得孔传,送至河间刘炫"。刘炫为此作了《议疏》,但一些儒者怀疑这是刘炫伪造之作,非孔安国旧本。

关于《孝经》今文与古文,郑注与孔传的一次大论争发生在唐开元七年(719)。当时,唐玄宗诏令群儒质定《孝经》。左庶子刘知幾主张行用古文,国子祭酒司马贞则指斥孔传"文句凡鄙,不合经典"。结果,玄宗最后裁定:"郑仍旧行用,孔注传习者稀,亦存继绝之典。"开元十年(722),唐玄宗参用孔传、郑注以及韦昭、王肃、虞翻、刘劭、刘炫、陆澄等人的注解，以今文《孝经》为底本，作了"御注"。天宝二年（743），玄宗又作了增补修订，重注《孝经》，并刻石颁行天下。

五代之乱，郑注与孔传都亡佚了。北宋时，日本奈良东大寺高僧奝（diāo）然出使中国，所献古书有《孝经》郑注，其事约在太宗雍熙元年（984）。大概到北宋末年，《孝经》郑注又在战火中佚失。

唐以后，《孝经》今、古文之争仍在延续。北宋王安石用今文作《孝经解》，司马光则从国家书库里找到一个古文本，作了《古文孝经指解》。后来，朱熹以古文本为依据，把《孝经》分割为经、传两个部分。元代吴澄则用类似的方法，以今文本为依据，分《孝经》为经、传。清代，顺治帝《御注孝经》、雍正帝《御纂孝经集注》及康熙时颁行的"满汉合璧本"《孝经》都用今文。总的说来，唐以后《孝经》传播的大势是今文占主导地位，而古文也代有传人。

《孝经》郑玄注和孔安国传，现在多数学者都认为并不真的出自郑玄和孔安国本人之手。所谓郑玄注，最初只题"郑氏注"。根据敦煌藏经洞发现的唐宋时的《孝经》郑氏注残卷，结合古文献中所引郑注资料，现在已经能够基本上恢复郑氏注的旧貌。对照郑玄所注其他经籍，《孝经》郑注体例、文气的确与之不同。王应麟《困学纪闻》等都说"郑氏"是郑玄的孙子郑小同。他是郑玄独子益恩的遗腹子，因他的手掌纹理与郑玄相似，郑玄便为他起名叫"小同"。

孔传，隋代人怀疑是刘炫伪作，千余年来几成定谳，但此案并不能成立。1942年，日本发现了刘炫《孝经述议》古抄本。后来，林秀一利用日本各种古抄本撰成《关于〈孝经述议〉复原的研究》，补足了《孝经述议》残本所缺的二、三、五卷。我们仔细研究了《孝经述议》，完全不相信刘炫伪造孔传的说法。

清人丁晏曾怀疑古文《孝经》孔传的作伪者是王肃。现在地下出土的材料业已证明此说不可靠。这起冤案应当平反，由此而推导出的王肃伪造古文《孝经》孔传的疑案也应推翻。

三　《孝经》在历史上的影响

《孝经》受到历代封建统治者的尊崇。西汉时，自文帝开始置《孝经》博士。昭帝始元五年（前82），诏令举贤良文学，治《孝经》。宣帝地节三年（前67），诏令郡县乡学皆置《孝经》师一人。由于《孝经》成为小学课本，它便以最快的速度得到普及。为了表示对孝道的重现，汉代从惠帝以后，皇帝的谥号中都加了一个"孝"字。后来各封建王朝效法者甚多。

东汉时，光武帝下令不仅儒生要读《孝经》，虎贲士（宫廷卫兵）也必须学习《孝经》。六朝时，《孝经》的注解、讲授，最为热闹。皇帝、皇太子听经、讲经、注经，成了宫廷的重要活动。东晋元帝作《孝经传》，吹捧《孝经》是："天经地义，圣人不加；原始要终，莫逾孝道。能使甘泉自涌，邻火不焚；地出黄金，天降神女，感通之至，良有可称。"穆帝、孝武帝都多次亲讲《孝经》，还召集群臣讨论《孝经》经义。北魏时，孝文帝令侯伏侯可悉陵把《孝经》翻译成本民族的语言，"教于国人，谓之《国语孝经》"（《隋书·经籍志》）。

隋唐皆以《孝经》颁行天下。唐太宗对皇太子读《孝经》大加称赞，说"行此足以事父兄，为臣子"（《旧唐书·高宗纪》）。高宗仪凤三年（678），诏令以《道德经》和《孝经》为上经，"贡举皆须兼通"（《唐会要》卷七五）。玄宗二度亲注《孝经》，诏令"天下家藏《孝经》，精勤教习"（《唐会要》卷七五）。天宝四年（745），玄宗又亲以八分书写《孝经》，刻石立于太学。这一形似经幢的巨大石刻，至今仍屹立在西安碑林。

宋代时，宋太宗御书《孝经》赐给李至，说："千文无足取，若有资于教化，莫《孝经》若也。"（《宋史·李至传》）真宗咸平二年（999），诏令邢昺撰《孝经义疏》。大中祥符八年（1015），真宗又亲撰《孝经》诗，命群臣赋和。金、元两朝，少数民族入主中原，也"拜倒"在《孝经》之下。金海陵王天德三年（1151），诏令用唐玄宗御注《孝经》，授于各级学校。金世宗大定二十三年（1183），仿效汉代羽林军通《孝经》故事，以女真文《孝经》千部交检点司，分赐给护卫亲军。元世祖至元二十四年（1287），定国子学制，凡读书必先读《孝经》。元武宗时，命中书右丞孛罗帖木儿以蒙古文翻译《孝经》。武宗下诏云："此乃孔子之微言，自王公达于庶民，皆当由是而行。其命中书省刻板模印，诸王而下皆赐之。"（《元史·武宗纪》）

明代，《孝经》仍是必读必尊的经典。明太祖说，《孝经》是"孔子明帝王治天下之大经大法，以垂万世"（《明会要》卷二六）。清代，顺治皇帝曾亲注《孝经》。康熙四十六年（1707），翻书处刊刻"满汉合璧"《孝经》。雍正五年（1727），又刊行了《钦定翻译孝经》。雍正帝将历代有关《孝经》的重要注解汇集成《孝经集注》行世。乾隆时，宫廷画家金廷标绘《孝经图》，乾隆帝亲自作题记，御书《孝经》全文与图相配。咸丰时，诏令各省学校，科举考试都要加试《孝经》。

由于封建帝王的尊崇和提倡，《孝经》在历史上具有其他典籍无可比拟的特殊地位。它既是最重要的经典文献，又是最普及的通俗读物；既被看作人伦百行的纲纪，又被当作科举仕宦的阶梯，影响之深远，其他书不可同日而语。

从传播的范围来看，敦煌出土的"和平二年十一月六日康丰国写"《孝经》残卷，据考是北魏遗物，时为公元461年。这是在西北地区发现的时间最早的《孝经》资料。《周书》说，高昌"有《毛诗》、《论语》、《孝经》，置学官弟子以相教授，虽习读之，而皆为胡语"（《高昌传》）。现在，在新疆吐鲁番高昌古墓中也发现了《孝经》和《孝经解》的残卷，实物印证了《孝经》在高昌传布的情形。其中"张孝章墓"出土《孝经》，同墓有"高昌建昌四年（558）张孝章随葬衣物疏"。在敦煌藏经洞发现的《孝经》写本，有的也有明确的时间。如伯3369，《孝经》文后有两条题记，一条是"咸通十五年八月五日沙州学生索什德"，一条是"乾符三年十月二十一日学生索什德书券"。这些材料告诉我们，《孝经》在当时中国的土地上已是无远弗届的了。

两千年来，《孝经》对于中国社会具有巨大的影响力。

1. 《孝经》被视为思想权威，在著述与论辩中被广泛地征引。汉代迄于清季，私家著述、官方文告引《孝经》作为指导思想或理论依据者不胜枚举。如司马迁《太史公自序》说："且夫孝始于事亲，中于事君，终于立身，扬名于后世，以显父母，此孝之大者。"即径用《孝经》之语。在各种论辩中，《孝经》常被双方作为理论"武器"。

2. 《孝经》被当作伦理道德的规范，用以抑恶劝善。甚至把《孝经》当做万应的灵药、无所不能的法宝。如《后汉书·独行列传》记向栩，黄巾起义爆发后，他主张"但遣将于河上，北向读《孝经》，贼自当消灭"。

3. 推衍、发明《孝经》的旨意，借用《孝经》制定不同的社会身份和职业的人的道德规范，如有《演孝经》、《广孝经》、《临戎孝经》、《武孝经》、《大农孝经》、《道孝经》、《佛孝经》、《女孝经》等。

4. 依据《孝经》议定礼仪制度与律令。

《孝经》在海外，特别是东亚日本、朝鲜等国，也有巨大的影响。《孝经》传入朝鲜，至迟在汉武帝元封三年（前103）朝鲜王归降，以其地为乐浪、临屯、玄菟、真番四郡前后。周世宗六年（959），高丽国王遣使进《别叙孝经》一卷、《越王孝经新义》八卷、《皇灵孝经》一卷、《孝经雌图》一卷。《孝经》传入日本，可能在梁武帝时，《日本书纪》卷十记载，继体天皇七年（513），百济五经渡日，《孝经》应当也在此时随之传入。

推古天皇十二年（603），圣德太子制定宪法，其中已有"上下和睦"之语，即出自《孝经》。文武天皇大宝二年（702），以《大宝律令》颁行天下。其《学令》规定："凡学生治一经或二经，必兼通《孝经》、《论语》。"孝谦天皇天平宝字元年（757）下诏，"令天下家藏《孝经》一本，精勤诵习"。仁明天皇天长十年（833），皇太子"御读书始"，即讲习《孝经》。历代成为定制。至镰仓时代（1192—1333），幕府将军的"读书始"也讲习《孝经》。到德川时代（1604—1867），日本的汉学空前兴盛，各藩学校普遍采用《孝经》为教科书，学校的开学典礼即焚香俯伏再拜，齐声诵读《孝经》。

《孝经》传至欧洲可能在十八世纪初。德国人雷赫定（A.Reichwein）所著《中国欧洲文化交通史略》（吴宓摘译）中说："1711 年，耶苏会士、比利时人卫方济（Frangois Noël）刊行《中国六经》之拉丁文译本（6 Libri classici Sinenses），于 Pague 地方。《六经》者，《大学》、《中庸》、《论语》、《孟子》、《孝经》与《三字经》也。"十九世纪前后，《孝经》亦陆续被译为其他几种欧洲文字。

本书为《孝经》全文译注，每章前作了简要的题解，注释主要依据唐玄宗"御注"及邢昺"正义"，兼采"孔安国传"、"郑玄注"及历代注经家的意见，择善而从，尽量简明扼要，总的原则是让读者了解古人是怎样理解《孝经》的。我们希望能帮助大家读懂《孝经》，为研究伦理学问题的读者提供一些相关的资料。

作者

2015 年 12 月

开宗明义章第一

开宗明义，即阐述本书宗旨，说明孝道的义理。

《孝经》本无章名，邢昺《正义》云，梁代皇侃给天子至庶人等五章"标其目而冠于章首"；后来唐玄宗为《孝经》作注时，才由儒官集议"题其章名"。《隋书·经籍志》说，《古文孝经》长孙氏"而有《闺门》一章"。按，这是用章首二字称呼该章，乃古书篇章命名惯例，不应与现有的章名混为一谈。

　　仲尼居^①，曾子侍^②。子曰："先王有至德要道^③，以顺天下^④，民用和睦^⑤，上下无怨。汝知之乎？"曾子避席曰^⑥："参不敏，何足以知之？"子曰："夫孝，德之本也，教之所由生也^⑦。复坐，吾语汝。身体发肤，受之父母，不敢毁伤^⑧，孝之始也。立身行道，扬名于后世，以显父母，孝之终也。夫孝，始于事亲^⑨，中于事君^⑩，终于立身^⑪。《大雅》云^⑫：'无念尔祖，聿修厥德^⑬。'"

【注释】

①仲尼：孔子的字。我国传统以"伯、仲、叔、季"表示排行，"仲"是老二。尼，指尼丘山。孔子得名于故里的尼丘山，名丘，字尼。孔子，春秋时鲁国陬邑（今山东曲阜东南）人，生于鲁襄公二十二年（前551），卒于鲁哀公十六年（前479），是儒家学派的鼻祖，著名的思想家和教育家。居：闲待在家里。

②曾子：曾参，字子舆，鲁国南武城（今山东费县西南）人，孔子的学生。据说曾子能孝顺父母，孔子认为他可通孝道，因此向他传授关于孝的道理。侍：陪坐。

③先王：先代的圣贤帝王，旧注指尧、舜、禹、文王、武王等。至德：至善至美的品行和道德。要道：至关重要的道理。要，又有简要、要约的意思。邢疏引殷仲文曰："以一管众为要。"

④以顺天下：使天下人心顺从。顺，顺从。

⑤用：因而。

⑥避席：古代的一种礼节。席，铺在地上的草席，这里指自己的座位。古人席地而坐，在对方（一般是师长或尊者）提问、施礼、祝酒等场合，要回答、回礼、准备饮酒时，坐在席上的人要起身离开自己的席位，表示对对方的礼貌和尊敬。

⑦教之所由生也：古有"五教"之说，即：教父以义，教母以慈，教兄以友，教弟以恭，教子以孝。儒家学者认为，孝是一切道德的根本，一切教育的出发点。

⑧不敢毁伤：毁伤，毁坏，残伤。《礼记·祭义》乐正子春云："吾闻诸曾子，曾子闻诸夫子曰：天之所生，地之所养，无人为大。父母全而生之，子全而归之，可谓孝矣。不亏其体，不辱其身，可谓全矣。"孔传："能身保全而无刑伤，则其所以为孝之始者也。"以为"毁伤"特指"刑伤"。日本太宰纯说："盖三代之刑，有劓（yì，割鼻）、刵（èr，割耳）及宫（割除或破坏生殖器），非伤身乎；剕（fèi，断足），非伤体乎；髡（kūn，剃发），非伤发乎；墨（额上刺字，染以黑色），非伤肤乎。以此观之，孔传尤有所当也。"

⑨始于事亲：以侍奉双亲为孝行之始。一说指幼年时期以侍奉双亲为孝。郑注云："父母生之，是事亲为始。"孔传："自生至于三十，则以事父母，接兄弟，和亲戚，睦宗族，敬长老，信朋友为始也。"

⑩中于事君：以为君王效忠、服务为孝行的中级阶段。一说指中年时期以效忠君王为孝。郑注云："四十强而仕，是事君为中。"孔传："四十以往，所谓中也，仕服官政，行其典谊，奉法无贰，事君之道也。"

⑪终于立身：以建功扬名，光宗耀祖为孝行之终。一说指老年时期以扬名后世为孝。郑注云："七十致仕（离职退休），是立身为终也。"孔传："七十老致仕，悬其所仕之车，置诸庙，永使子孙鉴而则焉，立身之终。"

⑫《大雅》：《诗经》的一个组成部分，主要是西周官方的音乐诗歌作品。

⑬"无念"二句：语出《诗经·大雅·文王》。尔，你，你的。祖，祖先，诗中指文王。聿（yù），句首语气词。修厥德，指继承、发扬光大文王的美德。厥，其。

【译文】

孔子在家中闲坐，曾参在一旁陪坐。孔子说："先代的圣帝贤王，有一种至为高尚的品行，至为重要的道德，用它可以使得天下人心归顺，百姓和睦融洽，上上下下没有怨恨和不满。你知道这是什么吗？"曾子连忙起身离开席位回答说："我生性愚钝，哪里能知道那究竟是什么呢？"孔子说："那就是孝！孝是一切道德的根本，所有的品行的教化都是由孝行派生出来的。你还是回到原位去，我讲给你听。一个人的身体、四肢、毛发、皮肤，都是从父母那里得来的，所以要特别地加以爱护，不敢损坏伤残，这是孝的开始，是基本的孝行。一个人要建功立业，遵循天道，扬名于后世，使父母荣耀显赫，这是孝的终了，是完满的、理想的孝行。孝，开始时从侍奉父母做起，中间的阶段是效忠君王，最终则要建树功绩，成名立业，这才是孝的圆满的结果。《大雅》里说：'怎么能不想念你的先祖呢？要努力去发扬光大你的先祖的美德啊！'"

天子章第二

　　天子，统治天下的帝王。《礼记·曲礼下》："君天下曰天子。"旧说帝王受命于天，天为其父，地为其母，故称"天子"。《白虎通》："王者父母天地，为天之子也。"此处应指周王，是周王朝的最高统治者。《孝经》从这一章起，按尊卑次序分述自天子至庶人的五种孝行，照唐玄宗的说法，叫做"百行之源不殊"，"五孝之用则别"（《御注孝经·序》）。但此处所论"天了之孝"，其实只是一种祈愿，并不是道德的规范。

子曰①：爱亲者，不敢恶于人②；敬亲者，不敢慢于人③。爱敬尽于事亲，而德教加于百姓④，刑于四海⑤。盖天子之孝也⑥。《甫刑》云⑦："一人有庆，兆民赖之⑧。"

【注释】

①子曰：今文本，自《天子章》至《庶人章》，只在最前面用了一个"子曰"，而古文本则每章都以一"子曰"起头。这可能是整理或传抄过程中造成的差异。

②爱亲者，不敢恶（wù）于人：全句是说天子将对自己父母的亲爱之心（孝心）扩大到天下所有的人的父母。爱亲，亲爱自己的父母。恶，憎恶，厌恶。

③慢：傲慢，不敬。

④德教：道德修养的教育，即孝道的教育。加：施加。

⑤刑：通"型"，典范，榜样。四海：指全天下，旧说以为我国被四海包围，因此用"四海"代指全国。唐玄宗注以"四夷"释"四海"。"四夷"即东夷、西戎、南蛮、北狄，泛指四方少数民族。意思是天子的孝行与德教，也是四方异族的榜样。

⑥盖：句首语气词。

⑦《甫刑》：《尚书·吕刑》篇的别名。吕，指"吕侯"。周穆王任命吕侯为周司寇（职掌刑狱的最高长官），吕侯依据夏代赎刑的法律，以周王的名义颁布了新的规定，即《吕刑》。《尚书·吕刑》孔安国传曰：吕侯"后为甫侯，故或称《甫刑》"。这是说吕侯

的子孙后来改封为甫侯，因此《吕刑》也称为《甫刑》。

⑧一人有庆，兆民赖之：人，指天子。商、周时，商王、周王都自称"余一人"。庆，善。兆民，极言民人数目之多。古代计数，下数以十亿为"兆"，中数以万亿为兆，上数以亿亿为兆；而现代以一百万为一兆。赖，仰仗，依靠。《吕刑》原文下面还有一句"其宁惟永"。意思是：天子有善行，就能够以善事教化天下，天下的人民都可以信赖他，依靠他，因此便能够长治久安。

【译文】

孔子说：天子能够亲爱自己的父母，也就不会厌恶别人的父母；能够尊敬自己的父母，也就不会怠慢别人的父母。天子能以爱敬之心尽力侍奉父母，就会以至高无上的道德教化人民，成为天下人效法的典范。这就是天子的孝道啊！《甫刑》里说："天子有善行，天下万民全都信赖他，国家便能长治久安。"

诸侯章第三

　　诸侯，天子所分封的各国的国君。西周开国时，周天子曾依亲疏与功勋分封诸侯，有公、侯、伯、子、男五等爵位，可以世袭。《礼记·王制》孔颖达疏："此公、侯、伯、子、男，独以侯为名而称诸侯者，举中而言。"一说称"诸侯"而不称"诸公"，是为了避免与辅佐天子的"三公"（太师、太傅、太保）相混淆。此处对诸侯劝孝，要求诸侯"在上不骄"，"制节谨度"，"长守富"，"长守贵"，"保社稷"，作为诸侯尽"孝"的职责。

　　在上不骄，高而不危；制节谨度^①，满而不溢^②。高而不危，所以长守贵也。满而不溢，所以长守富也。富贵不离其身，然后能保其社稷^③，而和其民人。盖诸侯之孝也。《诗》云^④："战战兢兢，如临深渊，如履薄冰^⑤。"

【注释】

①制节：指费用开支节约俭省。谨度：指行为举止谨慎而合乎法度。

②满：指财富充足。溢：指超越标准的奢侈、浪费。邢昺疏引皇侃说：不溢，"谓宫室车旗之类，皆不奢僭也"。僭越礼制，追求超过合乎身份、地位的享受，在古代是严重的犯罪行为。

③社稷：社，土地神。古人有"五土"之说，认为土地有山林、川泽、丘陵、原隰（低洼湿地）、坟衍（水滨平地）五类，社是"五土"的总神，后以五色土为象征：东方青土、南方赤土、西方白土、北方黑土、中央黄土。相传共工氏之子勾龙，为管理田土之官，即"后土"，后来被当作土地神，祭"社"时立有勾龙神主（牌位）。稷，谷神。"五谷"有黍、稷、菽、麦、麻，这里举"稷"为代表。上古有烈山氏之子柱，被尊为五谷之神。周人的先祖弃，传说生而有神，擅农艺稼穑，率人民播殖百谷，自商汤以来被祀为稷神。土地与谷物是国家的根本，古代立国必先祭社稷之神，因而，"社稷"便成为国家

的代称。

④《诗》：即《诗经》。汉代以前《诗经》只称为
《诗》，汉武帝尊崇儒术，重视儒家著作，才加上
"经"字，称为《诗经》。

⑤"战战兢兢"三句：语出《诗经·小雅·小旻》。战
战，恐惧貌。兢兢，谨慎貌。如临深渊，是说唯恐
失足坠入深渊。如履薄冰，是说唯恐不慎陷入冰水
中。孔传："夫能自危者，则能安其位者也；忧其亡
者，则能保其存者也；惧其乱者，则能有其治者也。
故君子安而不忘危，存而不忘亡，治而不忘乱。"

【译文】

身居高位而不骄傲，那么尽管高高在上也不会有倾覆
的危险；俭省节约，慎守法度，那么尽管财富充裕也不会
僭礼奢侈。高高在上而没有倾覆的危险，这样就能长久地
保守尊贵的地位。资财充裕而不僭礼奢侈，这样就能长久
地保守财富。能够紧紧地把握住富与贵，然后才能保住自
己的国家，使自己的人民和睦相处。这就是诸侯的孝道啊！
《诗经》里说："战战兢兢，谨慎小心；就像身临深渊唯恐坠
陨；就像脚踏薄冰唯恐沉沦。"

卿、大夫章第四

　　卿、大夫，指辅佐天子处理国家事务的高级官员，地位次于诸侯。卿，又称"上大夫"，地位比大夫略高。周代各诸侯国中也有"卿、大夫"，地位比周天子朝中的"卿、大夫"低一等。清雍正皇帝《御纂孝经集注》认为，此"卿、大夫"兼包王国及侯国，"章中乃统论其当行之孝，不必泥引《诗》'以事一人'之词，而谓专示王国之卿、大夫也"。此处论卿、大夫之孝是一切遵循先王的礼法，"保其禄位"，"守其宗庙"，更多的是在讲忠君。

非先王之法服不敢服①，非先王之法言不敢道②，非先王之德行不敢行③。是故非法不言④，非道不行⑤；口无择言，身无择行⑥。言满天下无口过⑦，行满天下无怨恶。三者备矣⑧，然后能守其宗庙⑨。盖卿、大夫之孝也。《诗》云："夙夜匪懈，以事一人⑩。"

【注释】

①法服：按照礼法制定的服装。古代服装式样、颜色、花纹（图案）、质料等，不同的等级，不同的身份，有不同的规定。卑者穿着尊者的服装，叫"僭上"；尊者穿着卑者的服装，叫"偪（逼）下"。旧注云，天子衣裳图案有日、月、星辰、山、龙、华虫、藻、火、粉、米、黼、黻十二种纹样；诸侯有龙以下八种；卿、大夫有藻、火、粉、米四种；士有藻、火两种，服饰必须合乎礼度。

②法言：合乎礼法的言论。

③德行：合乎道德规范的行为。一说指"六德"，即仁、义、礼、智、忠、信。敦煌遗书伯3378《孝经注》云："好生恶死曰仁；临财不欲，有难相济曰义；尊卑慎序曰礼；智深识远曰智；平直不移曰忠；信义可复曰信。"

④非法不言：不符合礼法的话不说，言必守法。孔传："必合典法，然后乃言。"

⑤非道不行：不符合道德的事不做，行必遵道。孔传："必合道谊，然后乃行。"

⑥ "口无"二句：张口说话无须斟酌措词，行动举止无须考虑应当怎样去做。这是说，因为言行都自然而然地能遵循礼法道德，所以无须反复考虑，细细斟酌。

⑦ 言满天下无口过：全句是说，虽然言谈传遍天下，但是天下之人都不觉得有什么过错。满，充满，遍布。口过，言语的过失。

⑧ 三者备矣：三者，指服、言、行，即法服、法言、德行。孔传："服应法，言有则，行合道也，立身之本，在此三者。"备，完备，齐备。

⑨ 宗庙：祭祀祖宗的屋舍。《释名·释宫室》："庙，貌也，先祖形貌所在也。"古人认为，亲人亡殁后，设宗庙加以祭祀，侍奉死者如同生人，若见鬼神之容貌。

⑩ "夙夜"二句：语出《诗经·大雅·烝民》。夙，早。匪，通"非"。懈，怠惰。一人，指周天子。原诗赞美周宣王的卿大夫仲山甫，从早到晚，毫无懈怠，尽心竭力地奉事宣王一人。

【译文】

不合乎先代圣王礼法所规定的服装不敢穿，不合乎先代圣王礼法的言语不敢说，不合乎先代圣王规定的道德的行为不敢做。因此，不合礼法的话不说，不合道德的事不做。由于言行都能自然而然地遵守礼法道德，开口说话无须斟字酌句，选择言辞，行为举止无须考虑应该做什么、不该做什么。虽然言谈遍于天下，但从无什么过失；虽然做事遍于天下，但从不会招致怨恨。完全地做到了这三点，服饰、言语、行为都符合礼法道德，然后才能长久地保住自己的宗庙，奉祀祖先。这就是卿、大夫的孝道啊！《诗经》里说："即使是在早晨和夜晚，也不能有任何的懈怠，要尽心竭力地去奉事天子！"

士章第五

　　士章，敦煌遗书伯 3378 作"士仁章"，伯 3428 作"士人章"。士，指国家的低级官员，地位在大夫之下，庶人之上。此处论士人之孝，归结到"夙兴夜寐"，强调事君尽忠的责任。

资于事父以事母①，而爱同；资于事父以事君，而敬同。故母取其爱，而君取其敬，兼之者父也②。故以孝事君则忠，以敬事长则顺③。忠顺不失④，以事其上，然后能保其禄位，而守其祭祀⑤。盖士之孝也。《诗》云："夙兴夜寐，无忝尔所生⑥。"

【注释】

①资：取。

②兼之者父也：指侍奉父亲，则兼有爱心和敬心。兼，同时具备。

③长：上级，长官。唐玄宗注："移事兄敬以事于长，则为顺矣。"

④忠顺不失：指在忠诚与顺从两个方面都做到没有缺点、过失。

⑤而守其祭祀：刘炫认为："上云宗庙，此云祭祀者，以大夫尊，详其所祭之处；士卑，指其荐献而说，因等差而详略之耳。"（《复原》）

⑥"夙兴"二句：语出《诗经·小雅·小宛》。兴，起，起来。寐，睡。忝，辱。尔所生，生你的人，指父母。

【译文】

取侍奉父亲的态度去侍奉母亲，那爱心是相同的；取侍奉父亲的态度去侍奉国君，那敬心是相同的。侍奉母亲取亲爱之心，侍奉国君取崇敬之心，只有侍奉父亲是兼有爱心与敬心。所以，有孝行的人为国君服务必能忠诚，能敬重兄长的人对上级必能顺从，忠诚与顺从，都做到没有什么缺憾和过失，用这样的态度去侍奉国君和上级，就能保住自己的俸禄和职位，维持对祖先的祭祀。这就是士人的孝道啊！《诗经》里说："要早起晚睡，努力工作，不要玷辱了生育你的父母！"

庶人章第六

　　庶人，平民，在上古一般指具有自由身份的农业劳动者。《孝经》为不同等级的人规定不同内容的"孝"。《礼记·祭统·正义》引《孝经援神契》概括"五孝"说："天子之孝曰就，诸侯曰度，大夫曰誉，士曰究，庶人曰养。"又说："五孝不同，庶人但取畜养而已。"对庶人之孝表现出鄙薄和轻蔑。

用天之道①，分地之利②，谨身节用，以养父母。此庶人之孝也。故自天子至于庶人，孝无终始③，而患不及者，未之有也④。

【注释】

①天之道：指春温、夏热、秋凉、冬寒季节变化等自然规律。用天道，按时令变化安排农事，则春生、夏长、秋收、冬藏。

②分地之利：唐玄宗注："分别五土，视其高下，各尽所宜，此分地利也。"五土，见《诸侯章》"社稷"注。这是说，应当分别情况，因地制宜，种植适宜当地生长的农作物，以获取地利。

③孝无终始：指孝道的义理非常广大。从天子到庶人，不分尊卑，超乎时空，无终无始，永恒存在。不管什么人，在"行孝"这一点上都是一致的。

④未之有也：没有这样的事情。意思是孝行是人人都能做得到的，不会做不到。

【译文】

利用春、夏、秋、冬节气变化的自然规律，分别土地的不同特点，使之各尽所宜；行为举止小心谨慎，用度花费节约俭省，以此来供养父母。这就是庶民大众的孝道啊！所以，上自天子，下至庶民，孝道是不分尊卑，超越时空，永恒存在，无终无始的。孝道又是人人都能做得到的。如果有人担心自己做不来，做不到，那是根本不会有的事。

三才章第七

　　三才，天、地、人的合称。《易·说卦》："立天之道，曰阴与阳；立地之道，曰柔与刚；立人之道，曰仁与义。兼三才而两之，故《易》六画而成卦。"又，《易·系辞》："《易》之为书也，广大悉备，有天道焉，有人道焉，有地道焉，兼三材（才）而两之。"本章说孝道是"天之经，地之义，民之行"，圣王能遵天地之道，顺人性人情，因此篇题拟为《三才章》。

　　曾子曰："甚哉，孝之大也！"子曰："夫孝，天之经也①，地之义也②，民之行也③。天地之经，而民是则之④。则天之明⑤，因地之利⑥，以顺天下⑦。是以其教不肃而成⑧，其政不严而治。先王见教之可以化民也⑨，是故先之以博爱，而民莫遗其亲；陈之以德义，而民兴行。先之以敬让，而民不争⑩；导之以礼乐⑪，而民和睦；示之以好恶⑫，而民知禁。《诗》云：'赫赫师尹，民具尔瞻⑬。'"

【注释】

①天之经：是说孝道是天之道。天空中日月、星辰，永远有规律地照临人世。孝道也是如此，乃是永恒的道理，不可变易的规律。经，常，指永恒不变的道理和规律。

②地之义：是说孝道又如地之道。大地化育万物，生生繁衍，山川原隰为人类提供丰饶的物产，皆有合乎道理的法则。孝道也是如此，乃是必须严格遵从的义务，是有利、有益的准则。义，利物为义。古文本"义"作"谊"。孔传："谊，宜也。"指应当遵循的道理和原则。董仲舒《春秋繁露·五行对》：河间献王问温城董君曰："《孝经》曰：'夫孝，天之经，地之义'，何谓也？"对曰："天有五行，木火土金水是也。木生火，火生土，土生金，金生水；水为冬，金为秋，土为季夏，火为夏，木为春。春主生，夏主养，秋主收，冬主藏。藏，冬之所成

也。是故父之所生，其子长之；父之所长，其子养之；父之所养，其子成之。诸父所为，其子皆奉承而绪行之，不敢不致，如父之意，尽为人之道也。故五行者，五行也。由此观之，父授之，子受之，乃天之道也。故曰：‘夫孝者，天之经也’，此之谓也。”王曰：“善哉！天经既得闻之矣，愿闻地之义。”对曰：“地出云为雨，起气为风。风雨者，地之所为，地不敢有其功名，必上之于天，命若从天气者。故曰‘天风天雨’也，其曰‘地风地雨’也。勤劳在地，名一归于天，非至有义，其孰能行此？故下事上，如地事天也。可谓大忠矣。……此谓孝者‘地之义’也。”这是董仲舒对“天之经，地之义”的理解。

③民之行：是说孝道是人之百行中最根本、最重要的品行。董鼎《孝经大义》云：“人生天地之间，禀天地之性，如子之肖像父母也，得天之性而为慈爱，得地之性而为恭顺，慈爱恭顺，即所以为孝。”行，品行，行为。

④则：效法，作为准则。

⑤天之明：指天空中的日月、星辰。日月、星辰的运行更迭是有规律的，永恒的，这可以成为人民效法的典范。

⑥地之利：指大地孳生万物，供给丰饶的物产。

⑦以顺天下：这里是说圣王把天道、地道、人道“三才”融会贯通，用以治理天下，天下自然人心顺从。

顺，理顺，治理好。

⑧肃：指严厉的统治手段。

⑨教：这里指合乎天地之道，合乎人性人情的教育。化民：指用教育的办法感化人民，使人民服从领导。

⑩不争：指不为获得利益、好处而争斗、争抢。孔传："上为敬则下不慢，上好让则下不争，上之化下，犹风之靡草，故每辄以己率先之也。"

⑪礼：礼仪，指处理人际关系的准则及对社会行为的各种规范。乐：音乐。儒家认为："乐者，天地之和也；礼者，天地之序也。和，故百物皆化；序，故群物皆别。"（《史记·乐书》）也就是说，"乐"使天地之间万物和协，"礼"使天地之间万物尊卑高下皆有秩序；和协使万物融洽共处，有秩序使万物各得其所，有所区别。儒家学者把"礼乐"作为治理天下，教化人民的重要工具。

⑫好（hǎo）：善。恶（è）：不良行为，罪恶。邢昺疏云："故示有好必赏之令，以引喻之，使其慕而归善也；示有恶必罚之禁，以惩止之，使其惧而不为也。"好恶，或读为 hàowù，亦可通。

⑬"赫赫"二句：语出《诗经·小雅·节南山》。赫赫，声威显扬、气派宏大的样子。师，指太师。太师、太傅、太保为周的三公，是周王朝的最高行政长官。尹，尹氏。尹，本是官职名，古人常常以官职名作为氏名，故称"尹氏"。尔，你。瞻，仰望。此处引用诗句，着重是用"民具尔瞻"的意思，古

人引书经常有断章取义的情形。

【译文】

曾子说："多么博大精深啊，孝道太伟大了！"孔子说："孝道，犹如天有它的规律一样，日月星辰的更迭运行有着永恒不变的法则；犹如地有它的规律一样，山川湖泽提供物产之利有着合乎道理的法则；孝道是人的一切品行中最根本的品行，是人民必须遵循的道德，人间永恒不变的法则。天地严格地按照它的规律运动，人民以它们为典范实行孝道。效法天上的日月星辰，遵循那不可变易的规律；凭藉地上的山川湖泽，获取赖以生存的便利，因势利导地治理天下。因此，对人民的教化，不需要采用严肃的手段就能获得成功；对人民的管理，不需要采用严厉的办法就能治理得好。先代的圣王看到通过教育可以感化人民，所以亲自带头，实行博爱，于是，就没有人会遗弃自己的双亲；向人民讲述德义，于是，人民觉悟了，就会主动地起来实行德义。先代的圣王亲自带头，尊敬别人，谦恭让人，于是，人民就不会互相争斗抢夺；制定了礼仪和音乐，引导和教育人民，于是，人民就能和睦相处；向人民宣传什么是好的，什么是坏的，人民能够辨别好坏，就不会违犯禁令。《诗经》里说：'威严显赫的太师尹氏啊，人民都在仰望着你啊！'"

孝治章第八

　　孝治，论明王以孝道治理天下，就能使"天下和平，灾害不生，祸乱不作"。后代夸大"孝治"功能，说"天子孝，天龙负图，地龟出书，妖孽消灭，景云出游"（《太平御览》卷四一一引《孝经左契》），已是谶纬家的荒诞之言了。

子曰："昔者明王之以孝治天下也，不敢遗小国之臣①，而况于公、侯、伯、子、男乎②？故得万国之欢心③，以事其先王④。治国者⑤，不敢侮于鳏寡⑥，而况于士民乎？故得百姓之欢心，以事其先君⑦。治家者⑧，不敢失于臣妾⑨，而况于妻子乎？故得人之欢心，以事其亲⑩。夫然，故生则亲安之⑪，祭则鬼享之⑫，是以天下和平，灾害不生，祸乱不作。故明王之以孝治天下也如此⑬。《诗》云：'有觉德行，四国顺之⑭。'"

【注释】

①小国之臣：指小国派来的使臣。小国之臣容易被疏忽怠慢，明王对他们都礼遇和关注，各国诸侯来朝见天子受到款待就无庸赘言了。

②公、侯、伯、子、男：周朝分封诸侯的五等爵位。《礼记·王制》："公、侯田方百里，伯七十里，子、男五十里。"相传周公摄政，为诸侯扩大封地，公方五百里，侯四百里，伯三百里，子二百里，男百里。除封邑有广狭之别外，诸侯的其他各种待遇，也依爵位高低有所不同。

③万国：指天下所有的诸侯国。万，是极言其多，并非实数。

④先王：指"明王"，已去世的父祖。这是说各国诸侯都来参加祭祀先王的典礼，贡献祭品。按照周代的宗法制度，由嫡长子继承王位，只有他才能主持对

先王的祭祀。他的其他弟兄分别封予各等爵位，成
为诸侯。参加祭祀时，他们按关系亲疏及爵位高低
来"助祭"。

⑤治国者：治理国家的君王，即诸侯。国，指诸侯的
封地。

⑥鳏（guān）寡：《孟子·梁惠王下》："老而无妻曰
鳏，老而无夫曰寡。"后代通常称丧妻者为鳏夫，
丧夫者为寡妇。

⑦先君：指诸侯已故的父祖。这是说百姓们都来参加
对先君的祭奠典礼。

⑧治家者：指卿、大夫。家，指卿、大夫受封的采邑。

⑨臣妾：指家内的奴隶，男性奴隶曰臣，女性奴隶曰
妾。也泛指卑贱者。

⑩以事其亲：这是说卿、大夫因为能得到妻子、儿女，
乃至奴仆、妾婢的欢心，所以全家上下都协助他奉
养双亲。天子与诸侯之位，都是父死子袭，因此，
他们只能事"先王"、"先君"；而卿、大夫的职位
不必父死子袭，因此，他们得以在双亲健在时侍奉
双亲。亲，父母双亲。

⑪生则亲安之：生，活着的时候。安，安乐，安宁，
安心。之，指双亲。《大戴礼记·曾子大孝》："养可
能也，敬为难；敬可能也，安为难；安可能也，久
为难；久可能也，卒为难。"可见曾子认为，实行
孝道其中以使父母长久地安乐及有一个完满的终结
为最困难。

⑫鬼：指去世的父母的灵魂。《论衡·讥日》："鬼者死人之精也。"《礼记·礼运》郑玄注："鬼者精魂所归。"古人认为，人死后灵魂脱离躯体而存在，成为"鬼"。享：祭祀时要给死者供献酒食，让亡灵享用。

⑬如此：指"天下和平"等福应。孔传："行善则休征（吉祥的征兆）报之，行恶则咎征随之，皆行之致也。"这是说由于明王用孝道治理天下，有美德善行，因此才有这种种福应。

⑭"有觉"二句：语出《诗经·大雅·抑》。意思是，天子有伟大的德行，四方各国都顺从他的教化，服从他的统治。觉，大。四国，四方之国。

【译文】

孔子说："从前，圣明的帝王以孝道治理天下，就连小国的使臣都待之以礼，不敢遗忘与疏忽，何况对公、侯、伯、子、男这样一些诸侯呢？所以，就得到了各国诸侯的爱戴和拥护，他们都帮助天子筹备祭典，参加祭祀先王的典礼。治理封国的诸侯，就连鳏夫和寡妇都待之以礼，不敢轻慢和欺侮，何况对士人和平民呢？所以，就得到了百姓们的爱戴和拥护，他们都帮助诸侯筹备祭典，参加祭祀先君的典礼。治理采邑的卿、大夫，就连奴婢僮仆都待之以礼，不敢使他们失望，何况对妻子、儿女呢？所以，就得到大家的爱戴和拥护，大家都齐心协力地帮助主人，奉养他们的双亲。正因为这样，所以父母在世的时候，能够过着安乐宁静的生活；父母去世以后，灵魂能够安享祭奠。

正因为如此，所以天下和和平平，没有风雨、水旱之类的天灾，也没有反叛、暴乱之类的人祸。圣明的帝王以孝道治理天下，就会出现这样的太平盛世。《诗经》里说：'天子有伟大的道德和品行，四方之国无不仰慕归顺。'"

圣治章第九

圣治，圣人之治，即圣人对天下的治理。此处所说明堂祭祀制度，与其他儒家经典不全相合，在各朝制定礼仪制度时或依据《孝经》之说，如晋武帝太康十年（289年）就颁诏按《孝经》制定祭祀天地及配祀制度（《宋书·礼志三》）。《孝经》影响由此可见一斑。

曾子曰：“敢问圣人之德①，无以加于孝乎？”子曰：“天地之性②，人为贵。人之行，莫大于孝。孝莫大于严父，严父莫大于配天③，则周公其人也④。昔者，周公郊祀后稷以配天⑤，宗祀文王于明堂⑥，以配上帝⑦。是以四海之内，各以其职来祭⑧。夫圣人之德，又何以加于孝乎？故亲生之膝下⑨，以养父母日严⑩。圣人因严以教敬⑪，因亲以教爱。圣人之教，不肃而成，其政不严而治，其所因者本也。父子之道，天性也，君臣之义也。父母生之，续莫大焉⑫。君亲临之，厚莫重焉⑬。故不爱其亲而爱他人者，谓之悖德⑭；不敬其亲而敬他人者，谓之悖礼。以顺则逆⑮，民无则焉⑯。不在于善，而皆在于凶德，虽得之，君子不贵也⑰。君子则不然，言思可道，行思可乐，德义可尊，作事可法，容止可观，进退可度，以临其民。是以其民畏而爱之，则而象之⑱。故能成其德教，而行其政令。《诗》云：‘淑人君子，其仪不忒⑲。’”

【注释】

①敢：谦词，有冒昧的意思。

②性：指性命，生灵，生物。敦煌遗书伯3382此句作“天地之性，人最为贵”。孔传：“言天地之间，含气之类，人最其贵者也。”

③配天：根据周代礼制，每年冬至要在国都郊外祭天，并附带祭祀父祖先辈，这就叫做以父配天之礼。

配，祭祀时在主要祭祀对象之外，附带祭祀其他对象，称为"配祀"或"配享"。

④则周公其人也：以父配天之礼，由周公始定。周公，姓姬，名旦，文王之子，武王之弟，成王之叔。他协助武王灭商，武王死，成王年幼，他摄行王政，平定了管叔、蔡叔和商王之后武庚的叛乱，营建成周雒邑城池，制定礼乐典章制度。在成王长大后，他便归政于成王。后来周公被儒家学者尊为圣人。

⑤郊祀：古代帝王每年冬至时在国都郊外建圜丘作为祭坛，祭祀天帝。后稷：名弃，为周人始祖。相传其母姜嫄行于郊野，脚踩巨人足迹，孕而生子，生后弃于小巷、山林与冰上，皆得不死，遂收留养大。生性好农耕稼穑，帝尧命为农师，封于邰（今陕西武功境内），号后稷。这里是说周公在制定郊祀礼仪时，规定了以始祖后稷配祀天帝。

⑥宗祀：即聚宗族而祭。宗，宗族。文王：姓姬名昌，商时为西伯，据说能行仁义，礼贤者，敬老慈少，从而使国家逐渐强大，为日后武王灭商奠定了基础。明堂：古代帝王布政及举行祭祀、朝会、庆赏、选士等典礼的地方。《大戴礼记·明堂》说，它是一座上圆下方的建筑，共九室，一室有四户（门）八牖（窗），共三十六户，七十二牖，有天圆地方等许多象征的意义。

⑦上帝：旧说在明堂中祭天，要按季节祭祀五方上帝，即东方青帝灵威仰，南方赤帝赤熛怒，西方白帝白

招拒，北方黑帝汁光纪，中央黄帝含枢纽。这里是说周公制礼，规定了在明堂聚宗族祭祀上帝，以亡父文王配祀。

⑧职：职位。这是说海内诸侯，各按职位，进贡财物特产，趋走服务，帮助完成祭祀典礼。

⑨故亲生之膝下：这是说子女对父母的亲爱之心在幼年时期即自然天成。明人项霦《孝经述注》云："孩提之童，无不知爱其亲，自生育膝下，侍奉父母，渐长则严敬之心日加。"亲，亲爱父母之心。膝下，膝盖之下，喻年幼之时。

⑩日严：日益尊敬。

⑪因严以教敬：孔传："言其不失于人情也。其因有尊严父母之心，而教以爱敬；所以爱敬之道成，因本有自然之心也。"这是说圣人以人的自然天性中的尊父之心为凭依，加以教育培养，使之升华为理性的"敬"。

⑫续：指继先传后。这是说父母生下儿子了，使儿子得以继承父母，如此连续不绝，这是人伦关系中，最为重要的。

⑬君亲临之，厚莫重焉：是说父亲对儿子，具有国君与父亲的双重意义的身份，既有君王的尊严，又有为父的亲情，既有君臣之义，又有天性之恩，在人伦关系中，厚重莫过于此。

⑭悖（bèi）德：违背常识的道理、道德。悖，违背，违反。刘炫《孝经述议》残卷："世人之道，必先亲后疏，重近轻远，不能爱敬其亲而能爱敬他人，自

古以来恐无此。"

⑮以顺则逆：是"以之顺天下则逆"的省略，是说，如果用"悖德"和"悖礼"来教化人民，治理人民，就会把一切都弄颠倒。

⑯民无则焉：人民无所适从，没有可以效法的。

⑰不贵：即鄙视，厌恶。贵，重视，赞赏。

⑱"是以"二句：敬畏君王的威严，爱戴君王的美德，以君王为楷模，仿效他。

⑲"淑人"二句：语出《诗经·曹风·鸤鸠》。淑，美好，善良。仪，仪表，仪容。忒，差错。

【译文】

曾子说："请允许我冒昧地提个问题，圣人的德行中，难道就没有比孝行更为重要的吗？"孔子说："天地之间的万物生灵，只有人最为尊贵。人的各种品行中，没有比孝行更加伟大的了。孝行之中，没有比尊敬父亲更加重要的了。对父亲的尊敬，没有比在祭天时以父祖先辈配祀更加重要的了。祭天时以父祖先辈配祀，始于周公。从前，成王年幼，周公摄政，周公在国都郊外圜丘上祭天时，以周族的始祖后稷配祀天帝；在聚族进行明堂祭祀时，以父亲文王配祀上帝。所以，四海之内各地的诸侯都克尽职守，贡纳各地的特产，协助天子祭祀先王。圣人的德行，又还有哪一种能比孝行更为重要的呢！子女对父母的亲爱之心，产生于幼年时期；待到长大成人，奉养父母，便日益懂得了对父母的尊敬。圣人根据子女对父母的尊崇的天性，引导他们敬父母；根据子女对父母的亲近的天性，教导他们爱父母。圣人教化人民，不需要采取严厉的手段就能获得成功；他对人民的统治，不需要采用严厉的办法就能管理得很好。这正是由于他能根据人的本性，以孝道去引导人民。父子之间的关系，体现了人类天生的本性，同时也体现了君臣关系的义理。父母生下儿子，使儿子得以上继祖宗，下续子孙，这就是父母对子女的最大恩情。父亲对于儿子，兼具君王和父亲的双重身份，既有为父的亲情，又有为君的尊严，父子关系的厚重，没有任何关系能够超过。如果做儿子的不爱自己的双亲而去爱其他什么别的人，这就叫做违背道德；如果做儿子的不尊敬自己的双亲而去尊敬其他什么别的人，这就叫做违背礼法。如果有人用违背道德和违背礼法去教化人民，让人民顺从，那就会是非颠倒；人民将无所适从，不知道该效法什么。如果不能用善行，带头行孝，教化天下，而用违背道德的手段统治天下，虽然也有可能一时得志，君子也鄙夷不屑，不会赞赏。君子就不是那样的，他们说话，要考虑说的话能得到人民的支持，被人民称道；他们做事，要考虑行为举动能使人民高兴；他们的道德和品行，要考虑能受到人民的尊敬；他们从事制作或建造，要考虑能成为人民的典范；他们的仪态容貌，要考虑得到人民的称赞；他们的动静进退，要考虑合乎规矩法度，成为人民的楷模。如果君王能够像这样来统领人民，管理人民，那么人民就会敬畏他，爱戴他；就会以他为榜样，仿效他，学习他。因此，就能够顺利地推行道德教育，使政令顺畅地得到贯彻执行。《诗经》里说："善人君子，最讲礼仪；容貌举止，毫无差池。'"

纪孝行章第十

纪孝行，纪录孝行的内容，即孝子在侍奉双亲时应当做到的具体事项，此处强调孝子的道德与品行方面的表现，比吃饱吃好的"三牲之养"更为重要，反映了儒家对思想精神的重视。

子曰："孝子之事亲也，居则致其敬^①，养则致其乐^②，病则致其忧^③，丧则致其哀^④，祭则致其严^⑤，五者备矣，然后能事亲。事亲者，居上不骄，为下不乱，在丑不争^⑥。居上而骄则亡，为下而乱则刑，在丑而争则兵。三者不除，虽日用三牲之养^⑦，犹为不孝也^⑧。"

【注释】

①居：平日家居。致：尽。孔传："谓虔恭朝夕，尽其欢爱。"

②养：奉养，赡养。乐：欢乐。孔传："和颜说（悦）色，致养父母。"郑注："若进饮食之时，怡颜悦色。"

③致其忧：充分地表现出忧伤焦虑的心情。孔传："父母有疾，忧心惨悴，卜祷尝药，食从病者，衣冠不解，行不正履，所谓致其忧也。"郑注："若亲之有疾，则冠者不栉，怒不至詈，尽其忧谨之心。"明黄道周《孝经集传》："父母有疾，冠者不栉，行不翔，言不惰，琴瑟不御，食肉不至变味，饮酒不至变貌，笑不至矧，怒不至詈，疾止复故。"诸家注所举皆"致其忧"的表现，主要是子女不能有愤怒高兴的神态，不能讲究服饰打扮，不能参加娱乐活动，不注重生活享受。

④丧：指父母去世，办理丧事的时候。孔传："亲既终没，思慕号咷，斩衰（穿着丧服）歠粥，卜兆祖葬，所谓致其哀也。"郑注："若亲丧亡，则攀号毁瘠

（因悲哀而消瘦），终其哀情也。"

⑤祭则致其严：《礼记·祭义》说，祭祀时事死如生，"入室，僾然（微微）必有见乎其位；周还出户，肃然必有闻乎其容声；出户而听，忾然必有闻乎其叹息之声"。《玉藻》说："丧容累累（疲倦貌），色容颠颠（忧思貌），视容瞿瞿梅梅（恍惚不清貌），言容茧茧（声细气微貌）。"这些都是"致其严"的表现。

⑥在丑：指处于低贱地位的人。丑，众，卑贱之人。

⑦三牲：牛、羊、豕。旧俗一牛、一羊、一豕称为"太牢"，是最高等级的宴会或祭祀的标准。说每天杀牛、羊、豕三牲来奉养父母，这是极而言之的说法。

⑧犹为不孝也：如果不能去除前面所说的三种行为："居上而骄"、"为下而乱"、"在丑而争"，那么都将造成生命危险，使父母忧虑担心，因此，这样的人就不能算作孝子。

【译文】

孔子说："孝子奉事双亲，日常家居，要充分地表达出对父母的恭敬；供奉饮食，要充分地表达出照顾父母的快乐；父母生病时，要充分地表达出对父母健康的忧虑关切；父母去世时，要充分地表达出悲伤哀痛；祭祀的时候，要充分地表达出敬仰肃穆，这五个方面都能做齐全了，才算是能奉事双亲尽孝道。奉事双亲，身居高位，不骄傲恣肆；为人臣下，不犯上作乱；地位卑贱，不相互争斗。身居高位而骄傲恣肆，就会灭亡；为人臣下而犯上作乱，就会受到刑戮；地位卑贱而争斗不休，就会动用兵器，相互残杀。如果这三种行为不能去除，虽然天天用备有牛、羊、猪三牲的美味佳肴奉养双亲，那也不能算是行孝啊！"

五刑章第十一

　　五刑，指墨、劓（yì）、剕（fèi）、宫、大辟五种刑罚，见
《尚书·吕刑》。墨，在额上刺字后，涂上墨色的刑罚。劓，割
掉鼻子的刑罚。剕，砍断脚的刑罚，也称为"刖"（yuè）。宫，
男子割掉生殖器，女子破坏生殖器官的刑罚；一说女子幽闭，
囚于宫室。大辟，死刑。

子曰："五刑之属三千①，而罪莫大于不孝②。要君者无上③，非圣者无法④，非孝者无亲⑤。此大乱之道也⑥。"

【注释】

①五刑之属三千：指应当处以五种刑罚的罪有三千条。《尚书·吕刑》说："墨罚之属千，劓罚之属千，剕罚之属五百，宫罚之属三百，大辟之属二百，五刑之属三千。"

②罪莫大于不孝：在应当处以五种刑罚的三千条罪行中，最严重的罪行是不孝。刘炫《孝经述议》残卷说："江左名臣袁宏、谢安、王献之、殷仲文之徒皆云：五刑之罪，可得而名，不孝之罪，不可得名，故在三千之外。"（参见邢疏）认为不孝之罪，罪大恶极，无法确定罪名，因而不包括在"三千"条罪行中。后人多不采纳此说。

③要（yāo）：以暴力要挟、威胁。无上：藐视君长，目无君长，即反对或侵凌君长。

④非：责难反对，不以为然。无法：藐视法纪，目无法纪，即反对或破坏法纪。

⑤无亲：藐视父母，目无父母，即对父母没有亲爱之心而为非作歹。

⑥此大乱之道也：孔传："此，'无上'、'无法'、'无亲'也，言其不耻、不仁、不畏、不谊（义），为大乱之本，不可不绝也。"

【译文】

孔子说："应当处以墨、劓、刖、宫、大辟五种刑罚的罪有三千种，最严重的罪是不孝。以暴力威胁君王的人，叫做目无君王；非难、反对圣人的人，叫做目无法纪；非难、反对孝行的人，叫做目无父母。这三种人，是造成天下大乱的根源。"

广要道章第十二

　　广要道，推广、阐发"要道"二字的义理，即进一步讲述为什么说"孝道"是至为重要的道德。这是儒家强调礼乐与孝道的教化作用的一贯思想。《孔传》说："孝行著而爱人之心存焉，故欲民之相亲爱，则无善于先教之以孝也。"

子曰："教民亲爱，莫善于孝①。教民礼顺，莫善于悌②。移风易俗③，莫善于乐④。安上治民，莫善于礼⑤。礼者，敬而已矣。故敬其父，则子悦；敬其兄，则弟悦；敬其君，则臣悦；敬一人⑥，而千万人悦⑦。所敬者寡，而悦者众。此之谓要道矣。"

【注释】

①"教民亲爱"二句：孔子认为，孝道就是热爱自己双亲，由此进而推及热爱别人的双亲，人民之间就能亲爱和睦。

②"教民礼顺"二句：悌，就是敬重并服从自己的兄长，由此进而推及敬重并服从所有的长上，人民之间就能有礼、讲理。

③移风易俗：改变旧的、不良的风俗习惯，树立新的、合乎礼教的风俗习惯。

④莫善于乐：儒家学者认为，音乐生于人情人性，通于伦理道德，因此，君王可以利用音乐，转移风气，引导人民接受新的风俗习惯。《乐记·乐施章》："乐者，圣人之所乐也，而可以善民心，其感人深，其风移俗易，故先王著其教焉。"（《史记·乐书》）《白虎通·礼乐》："王者所以盛礼乐何？节文之喜怒，乐以象天，礼以法地，人无不含天地之气，有五常之性者，故乐所以荡涤，反其邪恶也；礼所以防淫佚，节其侈靡也。故《孝经》曰：安上治民，莫善于礼；移风易俗，莫善于乐。"

⑤莫善于礼：儒家学者认为，礼的作用是"正君臣父子之别，明男女长幼之序"，即维护社会固有的秩序和等级制度。《礼记·曲礼上》："道德仁义，非礼不成；教训正俗，非礼不备；分争辨讼，非礼不决；君臣上下、父子兄弟，非礼不定……"《礼运》说："是故礼者，君之大柄也……所以治政安君也。"

⑥一人：指父、兄、君，即受敬之人。

⑦千万人：指子、弟、臣。千万，只是举其大数而已。

【译文】

孔子说："教育人民相亲相爱，再没有比孝道更好的了；教育人民讲礼貌，知顺从，再没有比悌道更好的了；要改变旧习俗，树立新风尚，再没有比音乐更好的了；使国家安定，人民驯服，再没有比礼教更好的了。所谓礼教，归根结底就是一个'敬'字而已。因此，尊敬他的父亲，儿子就会高兴；尊敬他的哥哥，弟弟就会高兴；尊敬他的君王，臣子就会高兴。尊敬一个人，而千千万万的人感到高兴。所尊敬的虽然只是少数人，而感到高兴的却是许许多多的人。这就是把推行孝道称为'要道'的理由啊！"

广至德章第十三

　　本章推广、阐发"至德"二字的义理，即进一步讲述为什么说"孝道"是至为高尚的道德的理由，讲君王能够以身作则行孝道，为天下做表率，从而使天下为人子、人臣者知道孝悌父兄、尊敬君王。

　　子曰："君子之教以孝也，非家至而日见之也^①。教以孝，所以敬天下之为人父者也^②。教以悌，所以敬天下之为人兄者也。教以臣，所以敬天下之为人君者也^③。《诗》云：'恺悌君子，民之父母^④。'非至德，其孰能顺民^⑤，如此其大者乎^⑥！"

【注释】

①家至：到家，即挨家挨户地走到。日见之：天天见面，指当面教人行孝。郑注："非门到户至而见之。"

②"教以孝"二句：君子以身作则行孝悌之道，为天下做人子的做了表率，使他们都知道敬重父兄。孔传："古之帝王，父事三老，兄事五更，君事皇尸，所以示子、弟、臣人之道也。""三老"、"五更"，是由德高望重的老人所担任的顾问职务，天子要以敬父之礼敬"三老"，以事兄之礼事"五更"，为天下做出孝悌的典范。

③"教以臣"二句：孔传说是天子在祭祀时，对"皇尸"行臣子之礼。皇，即先王。尸，是祭祀时由活人扮饰的受祭的对象。天子通过祭祀行礼，做出尊敬君长、当好人臣的榜样。

④"恺悌"二句：语出《诗经·大雅·泂酌》。据说原诗是西周召康公为劝勉成王而作。恺悌，和乐安详，平易近人。

⑤孰：谁。

⑥如此其大者乎：本章在引《诗》句后，又有一句概

括性的结语，刘炫《孝经述议》说："余章引《诗》，《诗》居章末，此于《诗》下复有此经者，《诗》美民之父母，以证君之能教耳，不得证至德之大。故进《诗》于上，别起叹辞，所以异于余章也。"（见《复原》）

【译文】

孔子说："君子以孝道教化人民，并不是要挨家挨户都走到，天天当面去教人行孝。以孝道教育人民，使得天下做父亲的都能受到尊敬；以悌道教育人民，使得天下做兄长的都能受到尊敬；以臣道教育人民，使得天下做君王的都能受到尊敬。《诗经》里说：'和乐平易的君子，是人民的父母。'如果没有至高无上的道德，有谁能够教化人民，使得人民顺从归化，创造这样伟大的事业啊！"

广扬名章第十四

　　广扬名，推广、阐发首章"立身行道，扬名后世"所说的"扬名"的义理，即进一步讲述行孝和扬名的关系，强调"移孝作忠"的理论。孔传曾说："能孝于亲，则必能忠于君矣。求忠臣必于孝子之门也。"儒家认为，"扬名后世"是"孝"的更高级的标准，它只能与忠君紧密联系才可能实现。

子曰："君子之事亲孝，故忠可移于君①；事兄悌，故顺可移于长②；居家理，故治可移于官③。是以行成于内④，而名立于后世矣⑤。"

【注释】

① "君子"二句：这是儒家学者"移孝作忠"的理论。孔传："能孝于亲，则必能忠于君矣。求忠臣必于孝子之门也。"黄道周《孝经集传》说："所谓治国在齐其家者，其家不可教而能教人者无之，故君子不出家而成教于国。"

② "事兄"二句：孔传："善事其兄，则必能顺于长也。忠出于孝，顺出于弟。"

③ "居家"二句：指家务、家政管理得好，就能把管理家政的经验移于做官，管理好国政。孔传："君子之于人……内察其治家，所以知其治官。"

④ 行：指孝、悌、善于理家三种优良的品行。内：家内。

⑤ 名立于后世：由于在家内养成了美好的品德，在外必能成为忠臣，成为驯顺可靠的部下，成为善于治理一方的行政官员，因而，就能扬名于后世。立，树立。这里指名声长远地流传。

【译文】

孔子说："君子奉事父母能尽孝道，因此能够将对父母的孝心，移作奉事君王的忠心；奉事兄长知道服从，因此能够将对兄长的服从，移作奉事官长的顺从；管理家政有条有理，因此能够把理家的经验移于做官，用于办理公务。

所以，在家中养成了美好的品行道德，在外也必然会有美好的名声，美好的名声将流传百世。"

谏诤章第十五

　　谏诤，对尊者、长者或友人进行规劝。这一章叙述遇到君父有失误时，臣子应当谏诤的道理。本章提出"故当不义，则子不可以不争于父；臣不可以不争于君；故当不义则争之"的原则，体现了其进步因素。姚际恒《古今伪书考》批评这些话"何其径直而且伤于激也"，说它不像《论语》里"事父母几谏，见志不从，又敬不违，劳而不怨"那样，"多少低徊曲折"，并且以此怀疑《孝经》是伪书。不过，这也从另一个侧面证明了它的意义。当封建专制制度确立后，"当不义则争之"的进步原则便不再可能真正去实行了，取而代之的是"君要臣死，臣不得不死；父要子亡，子不敢不亡"，"天下无不是之父母"之类的说教。

曾子曰："若夫慈爱、恭敬、安亲、扬名^①，则闻命矣。敢问子从父之令，可谓孝乎？"子曰："是何言与^②！是何言与！昔者，天子有争臣七人^③，虽无道，不失其天下；诸侯有争臣五人^④，虽无道，不失其国；大夫有争臣三人^⑤，虽无道，不失其家；士有争友，则身不离于令名^⑥；父有争子，则身不陷于不义。故当不义，则子不可以不争于父；臣不可以不争于君；故当不义则争之。从父之令，又焉得为孝乎！"

【注释】

①若夫：句首语气词，用于引起下文。慈爱：指爱亲。慈，通常指上对下之爱，但也可指下对上之爱。刘炫《孝经述议》引《礼记·曲礼上》"不胜丧，乃比于不慈不孝"，《庄子·渔父》"事亲则慈孝，事君则忠贞"等，说："此等诸文，慈皆发于父母，则慈爱亦施上，非独以接下也。"（见《复原》）阮福《孝经义疏补》也说："子孝亲亦曰慈，慈爱即孝爱也。王引之《经义述闻》历引《孟子》'孝子慈孙'、《齐语》'慈孝于父母'、《谥法解》'慈惠爱亲曰孝'，以证之，是也。"

②与：通"欤"（yú），句末语气词，表感叹或疑问语气。

③天子有争臣七人：旧注说，天子的辅政大臣有三公、四辅，合在一起是七人。"三公"是太师、太傅、太保。"四辅"是前曰疑、后曰丞、左曰辅、右曰弼。

争臣，敢于直言规劝的臣僚。

④诸侯有争臣五人：诸侯的辅政大臣五人，或说是三卿及内史、外史，合计五人。孔传说，五人是天子所任命的孤卿（天子派去辅佐诸侯的师、傅一类的官员）、三卿（指司马、司空、司徒）与上大夫。

⑤大夫有争臣三人：大夫的家臣，主要有三人。孔传说，三人是家相（管家）、室老（家臣之长）、侧室（家臣）。王肃说，"三人"无侧室，而有邑宰（见邢疏）。刘炫《孝经述议》说，以上"七、五、三"，都不是实数，"以其位高者易急，务广者难周，贵者谏宜多，贱者谏宜少，父有争子，士有争友，子、友虽无定数，要以一人为率，即自下而上，稍增以二，从上而下，则如礼之隆杀，故举七、五、三耳，非立七、五、三官，使主谏诤"（见《复原》）。"一人为率"，《复原》"率"误为"主"，据邢疏改）。

⑥令名：好名声。令，善，美好。

【译文】

曾子说："诸如爱亲、敬亲、安亲、扬名于后世等等，已听过了老师的教诲。现在我想请教的是，做儿子的能够听从父亲的命令，这可不可以称为孝呢？"孔子说："这算是什么话呢！这算是什么话呢！从前，天子身边有敢于直言劝谏的大臣七人，天子虽然无道，还是不至于失去天下；诸侯身边有敢于直言劝谏的大臣五人，诸侯虽然无道，还是不至于亡国；大夫身边有敢于直言劝谏的家臣三人，大夫虽然无道，还是不至于丢掉封邑；士身边有敢于直言劝谏的朋友，那么他就能保持美好的名声；父亲身边有敢于直言劝谏的儿子，那么他就不会陷入错误之中，干出不义的事情。所以，如果父亲有不义的行为，做儿子的不能够不去劝谏；如果君王有不义的行为，做臣僚的不能够不去劝谏；面对不义的行为，一定要劝谏。做儿子的能够听从父亲的命令，又哪里能算得上是孝呢！"

感应章第十六

　　感应，互相影响，交感相应。这里指孝悌之道，可以通于天地之神，神明受到感动而降下福祐。董仲舒在《春秋繁露·五行对》中即用"木火土金水"五行模式来讲孝；东晋元帝作《孝经传》说，孝"能使甘泉自涌，邻火不焚；地出黄金，天降神女，感通之至，良有可称"。受此影响，历代孝行感动神鬼，天降灵验的迷信故事不计其数。"感应章"，古文本及石台本皆作"应感章"。

子曰："昔者，明王事父孝，故事天明^①；事母孝，故事地察^②；长幼顺，故上下治。天地明察，神明彰矣^③。故虽天子，必有尊也，言有父也^④；必有先也，言有兄也^⑤。宗庙致敬，不忘亲也。修身慎行，恐辱先也。宗庙致敬，鬼神著矣^⑥。孝悌之至，通于神明，光于四海^⑦，无所不通。《诗》云：'自西自东，自南自北，无思不服^⑧。'"

【注释】

① "明王"二句：明王能够孝顺地奉事父亲，也就能够虔敬地奉事天帝，祭祀天帝，天帝能够感受，能够明了孝子的敬爱之心。孔传："孝，谓立宗庙，丰祭祀也。"

② "事母孝"二句：明王能够孝顺地奉事母亲，也就能够虔敬地奉事地神，祭祀地神，地神能够感受，能够清楚孝子的敬爱之心。

③ "天地"二句：明王能明察天之道，明晓地之理，以奉事父母的孝顺奉事天地，天地之神也就能明察明王的孝心，充分地显现神灵，降下福祐。神明，指天地神灵。彰，显著，明显。

④ "故虽"三句：天子虽然地位尊贵，但是必定还有尊于他的人，那就是他的父辈。郑注："虽贵为天子，必有所尊，事之若父，即三老是也。"唐玄宗注："父谓诸父。"孔传说，父是死去的父亲。参见下注。

⑤"必有"二句：天子必还有长于他的人，那就是他的兄辈。郑注："必有所先，事之若兄，即五更是也。"唐玄宗注："兄谓诸兄。"

⑥著：一说音zhù，昭著之意，指神灵显著彰明。一说音zhuó，就位、附著之意。指鬼魂归附宗庙，不为凶厉，从而祐护后人。

⑦光：通"横"，充满，塞满。《礼记·祭义》："夫孝，置之而塞乎天地，溥之而横乎四海。"《尚书·尧典》："光被四表。"《汉书》引作"横被四表"。

⑧"自西"三句：语出《诗经·大雅·文王有声》。原诗歌颂周文王和武王显赫的武功。自西自东，自南自北，指包括了东西南北的四面八方。思，语气词。关于方位的顺序，邢疏引皇侃说云："自言西者，此是周诗，谓化从西起，所以文王为西伯，又为西邻，自西而东灭纣。"《礼记·祭义》："曾子曰：夫孝，置之而塞乎天地，溥之而横乎四海，施诸后世而无朝夕，推而放诸东海而准，推而放诸西海而准，推而放诸南海而准，推而放诸北海而准。《诗》云：'自西自东，自南自北，无思不服。'此之谓也。"颇疑后人据曾子放诸四海——东西南北顺序而改《诗经》。又，敦煌遗书伯3428等今文本也有作"自东自西"顺序的。

【译文】

孔子说："从前，圣明的天子，奉事父亲非常孝顺，所以也能虔敬地奉祀天帝，而天帝也能明了他的孝敬之心；

他奉事母亲非常孝顺，所以也能虔敬地奉祀地神，而地神也能洞察他的孝敬之心；他能够使长辈与晚辈的关系和顺融洽，所以上上下下太平无事。天地之神明察天子的孝行，就会显现神灵，降下福祐。虽然天子地位尊贵，但是必定还有尊于他的人，那就是他的父辈；必定还有长于他的人，那就是他的兄辈。在宗庙举行祭祀，充分地表达对先祖的崇高敬意，这是表示永不忘记先人的恩情。重视修养道德，行为谨慎小心，这是害怕自己出现过错，玷辱先祖的荣誉。在宗庙祭祀时充分地表达出对先人的至诚的敬意，先祖的灵魂就会来到庙堂，享用祭奠，显灵赐福。真正能够把孝敬父母、顺从兄长之道做得尽善尽美，就会感动天地之神；这伟大的孝道，将充塞于天下，磅礴于四海，没有任何一个地方它不能达到，没有任何一个问题它不能解决。《诗经》里说：'从西、从东、从南、从北，东南西北，四面八方，没有人不肯归顺、服从。'"

事君章第十七

　　君，君主。这一章是讲孝子在朝廷奉事君主时应有的表现。《孝经》论孝，核心却是以孝劝忠，以孝治天下，本章置于《丧亲章》前为压卷之章。《三国志》记载，孙权让严畯背小时候念过的书，严畯背起《孝经》"仲尼居"来，张昭骂他是"鄙生"，说道："臣请为陛下诵之。"他诵的是"君子之事上"。结果，在场的大臣们"咸以昭为知所诵"。可见《孝经》的事上忠君思想深入人心，有学者批判《孝经》乃是"变相《忠经》"，是很有道理的。

子曰："君子之事上也，进思尽忠①，退思补过②，将顺其美③，匡救其恶，故上下能相亲也④。《诗》云：'心乎爱矣，遐不谓矣。中心藏之，何日忘之⑤？'"

【注释】

①进：上朝见君。孔传："进见于君，则必竭其忠贞之节，以图国事，直道正辞，有犯无隐。"

②退：下朝回家。孔传："退还所职，思其事宜，献可替否，以补主过。"刘炫《孝经述议》说："炫以为尽己之忠，无事不尔，非独进见于君方始尽也；补君之过，每处皆然，非独退还其职始思补也。""施之于君则称进，内省其身则称退。尽忠者，尽己之心，以进献于君；补过者，修己心以补君失。故以尽忠为进，补过为退耳，非谓进见与退还也。"（见《复原》）按，"进"、"退"对举，是一种修辞手段，不能过于死板生硬地理解它们的意义。

③将顺其美：这里是说，君王的政令、政教是正确的、美好的，那么就顺从地去执行。将，执行，实行。

④上下能相亲也：概括而言，臣能效忠于君，君能以礼待臣，君臣同心同德，就能相亲相爱。孔传："道（导）主以先王之行，拯主于无过之地，君臣并受其福，上下交和，所谓相亲。"

⑤"心乎"四句：语出《诗经·小雅·隰桑》。原诗相传是一首人民怀念有德行的君子的作品。这几句诗

说，尽管心中热爱他，却因为相隔得太远，无法告诉他；只好把热爱之情藏在心中，不论何日何时都不会忘记。退，远。

【译文】

孔子说："君子奉事君王，在朝廷之中，尽忠竭力，谋划国事；回到家里，考虑补救君王的过失。君王的政令是正确的，就遵照执行，坚决服从；君王的行为有了过错，就设法制止，加以纠正。君臣之间同心同德，所以，上上下下能够相亲相爱。《诗经》里说：'心中洋溢着热爱之情，相距太远不能倾诉。心间珍藏，心底深藏，无论何时，永远不忘！'"

丧亲章第十八

丧亲，指父母亡殁。这一章讲父母去世，孝子办理丧事和祭祀时应有的表现。此章内容只是孝子料理丧事的一些原则和纲要，具体的礼节可参看《仪礼》、《礼记》的相关内容。

子曰：孝子之丧亲也，哭不偯①，礼无容②，言不文③，服美不安④，闻乐不乐⑤，食旨不甘⑥，此哀戚之情也⑦。三日而食，教民无以死伤生⑧。毁不灭性⑨，此圣人之政也。丧不过三年⑩，示民有终也⑪。为之棺、椁、衣、衾而举之⑫；陈其簠、簋而哀戚之⑬；擗踊哭泣⑭，哀以送之⑮；卜其宅兆⑯，而安措之⑰；为之宗庙，以鬼享之⑱；春秋祭祀，以时思之。生事爱敬，死事哀戚，生民之本尽矣⑲，死生之义备矣⑳，孝子之事亲终矣。

【注释】

①不偯（yǐ）：是指哭的时候，哭声随气息用尽而自然停止，不能有拖腔拖调，使得尾声曲折、绵长。偯，哭的尾声迤逦委曲。按，据《礼记·间传》，哭丧者应按照与死者关系的亲疏远近，穿着斩衰等五种不同的丧服，也有不同的表现和哭法，"斩衰之哭，若往而不反；齐衰之哭，若往而反；大功之哭，三曲而偯；小功、缌麻，哀容可也。"父母之丧，孝子服斩衰，哭的时候应"若往而不反"。孔颖达疏云："斩衰之哭，一举而至气绝，如似气往而不却反声也。"

②礼无容：这是说丧亲时，孝子的行为举止不讲究仪容姿态。唐玄宗注说："触地无容。"指孝子稽颡（把额头贴近地面停留一些时间）行礼时，不讲究仪容姿态。《礼记·问丧》："稽颡触地无容，哀之至

也。"容，仪态容貌。

③言不文：这是说丧亲时，孝子说话不应词藻华美，文饰其辞。文，指文辞方面的修饰，有文采。

④服美不安：孝子丧亲，穿着华美的衣裳会于心不安，因此，丧礼规定孝子要穿缞麻。服美，穿着漂亮、艳丽的衣裳。

⑤闻乐不乐：由于心中悲哀，孝子听到音乐也并不感到快乐。所以，丧礼规定，孝子在服丧期内不得演奏或欣赏音乐。前一"乐"字指音乐，后一"乐"字指快乐。

⑥食旨不甘：这是说即使有美味的食物，孝子因为哀痛也不会觉得好吃。《礼记·间传》说："故父母之丧，既殡食粥。""既虞（下葬后）卒哭，疏食水饮，不食菜果；期（满一周年）而小祥，食菜果；又期（又满一周年）而大祥，有醯酱；中月（服丧期满之月）而禫（除去丧服前的祭祀），禫而饮醴酒。始饮酒者，先饮醴酒；始食肉者，先食干肉。"丧礼规定，服丧期间是不能吃美味食物的。旨，美味。甘，觉得好吃。

⑦哀戚：忧愁，悲哀。

⑧"三日"二句：《礼记·间传》："斩衰三日不食。"丧礼规定，孝子三天之内不进食，三天之后即进粥食；如果悲哀过度，因为长久不吃饭而伤害了身体，也与孝道不合。

⑨毁不灭性：虽因哀痛而消瘦，但是不能瘦到露出骨

头。毁，哀毁，因悲哀而损坏身体健康。《礼记·曲
礼上》："居丧之礼，毁瘠不形。"性，命。

⑩丧不过三年：孝子为父母之死服丧三年。《礼记·三
年问》："三年之丧，二十五月而毕。""孔子曰：'子
生三年，然后免于父母之怀。'夫三年之丧，天下
之达丧也。"三年之丧，实际上是二十五个月；服
丧期间，孝子单独居住在服舍（服丧的庐舍）内，
不能参加政治、文化和娱乐活动。

⑪示民有终也：唐玄宗注："圣人以三年为制者，使人
知有终竟之限也。"终，指礼制上的终结。对于父
母之丧，孝子虽有终身之忧，但丧礼是有终结的。

⑫棺、椁（guǒ）：古代棺木有两重，里面的一套叫
棺，外面的一套叫椁。衣：指殓尸之衣。衾：指给
死者铺、盖的被褥。据礼书，死者的地位身份高低
尊卑不同，衣、衾的多寡也不同，棺、椁的厚薄、
数量也不同。《礼记·檀弓上》："葬也者，藏也。藏
也者，欲人之弗得见也。是故衣足以饰身，棺周于
衣，椁周于棺，土周于椁。"

⑬陈其簠（fǔ）、簋（guǐ）而哀戚之：丧礼规定，从父
母去世，到出殡入葬，死者的身旁都要供奉食物，
用簠、簋、鼎、笾、豆等器具盛放，此处只举"簠、
簋"为代表。簠簋，古代盛放食物的两种器皿。

⑭擗（pǐ）踊哭泣：擗，捶胸。踊，顿足；或作
"踊"。孔传："搥心曰擗，跳曰踊，所以泄哀也。男
踊女擗，哀以送之。"《礼记·问丧》："动尸举柩，

哭踊无数。恻怛之心，痛疾之意，悲哀志懑气盛，故袒而踊之，所以动体安心下气也。妇人不宜袒，故发胸，击心，爵踊，殷殷田田，如坏墙然，悲哀痛疾之至也。故曰：'擗踊哭泣，哀以送之。'"

⑮送：指出殡、送葬。《礼记·问丧》："送形而往，迎精而反也。"把遗体送往墓地，把精魂迎回宗庙。

⑯卜其宅兆：孔传："卜其葬地，定其宅兆。兆为茔域，宅为穴。……卜葬地者，孝子重慎，恐其下有伏石漏水，后为市朝，远防之也。"《仪礼·士丧礼》记载有"筮宅"的礼仪，命辞说："哀子某，为其父某甫筮宅，度兹幽宅，兆基无有后艰。"然后由筮者算出卦来，观看吉凶。占卦的目的主要是为了防止日后墓地发生变故，干扰死者。卜，占卜，指用卜的办法选择墓地。宅，墓穴。兆，坟园，陵园。

⑰安措：安置，指将棺椁安放到墓穴中去。措，或作"厝"，二字可通。

⑱"为之"二句：《礼记·问丧》记载，父母安葬后，"祭之宗庙，以鬼飨（通"享"）之，徼幸复反也"。这是将死者的魂神迎回宗庙的祭祀，称之为"虞祭"。邢疏说："既葬之后，则为宗庙，以鬼神之礼享之。"孔传说，"为之宗庙，以鬼享之"，是指服丧三年期满后，"立其宗庙，用鬼礼享祀之也"。

⑲生民之本尽矣：这是说，能够做好上述事情，人民就算是尽到了根本的责任，尽到了孝道。孔传："谓立身之道，尽于孝经之谊也。"生民，人民。本，

根本，指孝道。

⑳死生之义：指父母生前奉养父母，父母死后安葬、祭祀父母的义务。孔传："事死事生之谊备于是也。"

【译文】

孔子说：孝子的父母亡故了，哀痛而哭，哭得像是要断了气，不要让哭声拖腔拖调，绵延曲折；行动举止，不再讲究仪态容貌，彬彬有礼；言辞谈吐，不再考虑词藻文采；要是穿着漂亮艳丽的衣裳，会感到心中不安，因此要穿上粗麻布制作的丧服；要是听到音乐，也不会感到愉悦快乐，因此不参加任何娱乐活动；即使有美味的食物，也不会觉得可口惬意，因此不吃任何佳肴珍馐；这都是表达了对父母的悲痛哀伤的感情啊！丧礼规定，父母死后三天，孝子应当开始吃饭，这是教导人民不要因为哀悼死者而伤害了生者的健康。尽管哀伤会使孝子消瘦羸弱，但是绝不能危及孝子的性命，这就是圣人的政教。为父母服丧，不超过三年，这是为了使人民知道丧事是有终结的。父母去世之后，准备好棺、椁、衣裳、被褥，将遗体装殓好；陈设好簠、簋等器具，盛放上供献的食物，寄托哀愁与忧思；捶胸顿足，嚎啕大哭，悲痛万分地出殡送葬；占卜选择好墓穴和陵园，妥善地加以安葬；设立宗庙，让亡灵有所归依，供奉食物，让亡灵享用；春、夏、秋、冬，按照时令举行祭祀，表达哀思，追念父母。父母活着的时候，以爱敬之心奉养父母；父母去世之后，以哀痛之情料理后事，能够做到这些，人民就算尽到了孝道，完成了父母生前与死后应尽的义务，孝子奉事父母，到这里就算是结束了。